## DU MÊME AUTEUR

*Aux Éditions Gallimard*

MON MICHAËL
UN JUSTE REPOS
TOUCHER L'EAU, TOUCHER LE VENT
LA BOÎTE NOIRE
SEULE LA MER
AIDEZ-NOUS À DIVORCER !
LES DEUX MORTS DE MA GRAND-MÈRE
UNE HISTOIRE D'AMOUR ET DE TÉNÈBRES
UNE PANTHÈRE DANS LA CAVE
AILLEURS PEUT-ÊTRE
COMMENT GUÉRIR UN FANATIQUE
VIE ET MORT EN QUATRE RIMES
SCÈNES DE VIE VILLAGEOISE
ENTRE AMIS
JUIFS PAR LES MOTS avec Fania Oz-Salzberger
JUDAS
CHERS FANATIQUES. Trois réflexions

*Aux Éditions Gallimard Jeunesse*

SOUDAIN DANS LA FORÊT PROFONDE (Édition illustrée)

*Aux Éditions Calmann-Lévy*

JUSQU'À LA MORT
LA COLLINE DU MAUVAIS CONSEIL
CONNAÎTRE UNE FEMME
L'HISTOIRE COMMENCE

*Du monde entier*

AMOS OZ

# VIE ET MORT EN QUATRE RIMES

roman

*Traduit de l'hébreu*
*par Sylvie Cohen*

nrf

GALLIMARD

*Titre original :*

חרוזי החיים והמוות
KHAROUZEY HA-KHAÏM VE-HA-MAVÉT

Voici les questions qui reviennent sur le tapis : Pour quelle raison écrivez-vous ? Et pourquoi de cette manière ? Cherchez-vous à influencer vos lecteurs, et si oui, dans quel sens ? Quel rôle vos récits jouent-ils ? Biffez-vous, modifiez-vous constamment ou écrivez-vous d'un seul jet sous le coup de l'inspiration ? Quel effet cela vous fait-il d'être célèbre ? Et quelles en sont les incidences sur votre famille ? Pourquoi n'exposez-vous que les côtés négatifs ? Que pensez-vous de vos confrères écrivains ? Qui vous a marqué et qui exécrez-vous ? À ce propos, quelle définition donneriez-vous de vous-même ? Que répondriez-vous à vos détracteurs, et que ressentez-vous à ce sujet ? Comment réagissez-vous à ces attaques ? Écrivez-vous à la main ou à la machine ? Combien vous rapporte grosso modo chacun de vos bouquins ? Puisez-vous vos sujets dans votre imagination ou dans les situations réelles ? Que pense votre ex-femme des personnages féminins de vos romans ? Au fait, pourquoi avez-vous quitté votre première épouse, et la seconde aussi ? Écrivez-vous à heure fixe ou au gré de votre inspiration ? Êtes-vous un écrivain engagé, et si oui, au service de quelle cause ? Vos écrits sont-ils autobiographiques ou entièrement fictifs ? Et surtout, en tant qu'artiste, comment se fait-il que vous ne meniez pas précisément une vie de patachon ? Disons que vous avez une existence plutôt rangée, non ? À moins que vous ne nous fassiez des cachotteries ? Et comment se fait-il aussi qu'un écrivain, un artiste, comme vous travaille en tant que comptable ? Est-ce votre gagne-pain ? La comptabilité ne ruine-t-elle pas l'inspiration ? À moins que vous n'ayez une autre vie qu'on ne doit pas crier sur les toits ? Accepteriez-vous d'éclairer notre lanterne, ce soir ? Et puis, pourriez-vous s'il vous plaît nous expliquer, en quelques mots et à votre façon, ce que vous avez vraiment voulu dire dans votre dernier roman ?

*

Il y a des réponses subtiles ou évasives. Les simples et les directes n'existent pas.

C'est la raison pour laquelle l'auteur va s'installer dans un petit bistrot à un pâté de maisons du centre communautaire Shunia Schor où doit se tenir la table ronde. La salle basse, sombre et étouffante, est propice à la réflexion. (Il a l'habitude d'arriver une bonne demi-heure, voire quarante minutes à l'avance, de sorte qu'il doit toujours inventer quelque chose pour tuer le temps.) Une serveuse exténuée en minijupe, les seins haut remontés, a beau essuyer la table, le formica est toujours aussi collant. Sans doute le chiffon n'est-il pas très propre.

L'auteur lorgne ses jambes, galbées et fermes, aux chevilles peut-être un peu fortes. Après quoi, il s'attarde sur le visage : de beaux traits, un teint lumineux, les sourcils très rapprochés et les cheveux attachés avec un chouchou rouge. Elle sent la sueur et le savon : l'odeur d'une femme fatiguée. L'élastique de son slip transparaît à travers la jupe. Fasciné, l'écrivain ne peut détacher les yeux des courbes qu'il devine : une légère asymétrie de la hanche gauche affriolante. « C'est fini, oui ? » implore-t-elle avec un reniflement de dégoût en surprenant son regard lubrique sur ses jambes, ses cuisses et ses hanches.

*

L'auteur détourne donc pudiquement les yeux, il choisit une omelette, plus une salade avec un petit pain et un café, tire de son paquet une cigarette qu'il garde sans l'allumer dans la main gauche où il appuie sa joue, et prend un air inspiré qui n'impressionne guère la serveuse, laquelle a déjà tourné les talons pour regagner la cuisine.

En attendant sa commande, l'écrivain imagine le premier amour de la serveuse (qu'il décide d'appeler

Riki) : à seize ans, elle s'était amourachée du gardien de but remplaçant des Bnei Yehouda, le club de football, un certain Charlie qui, débarquant par un jour pluvieux à l'institut de beauté où elle travaillait, l'avait enlevée dans sa Lancia pour une escapade de trois jours dans un hôtel à Eilat (dont son oncle était l'associé du propriétaire). Il lui avait même acheté une robe somptueuse, genre costume de scène de chanteuse grecque avec des paillettes argentées et tout, mais au bout de deux semaines, il l'avait plaquée pour repartir à l'hôtel avec la dauphine de Miss Plage. Quant à Riki, huit ans et quatre amants plus tard, elle rêvait encore qu'il reviendrait un jour : Charlie, quand il était furax, ça lui arrivait des fois, comme s'il était fâché contre elle, il lui flanquait une de ces trouilles, c'était complètement dingue, on aurait dit qu'il devenait fou, et puis tout à coup il se déridait, lui pardonnait, heureux comme un enfant, il l'enlaçait, il l'appelait Gogog, l'embrassait dans le cou, la chatouillait de son souffle tiède, lui écartait délicatement les lèvres du bout du nez, ce qui lui faisait comme des coulées de miel brûlantes partout, et puis, de but en blanc, il la lançait en l'air, très haut, comme un coussin, « maman ! » se mettait-elle à hurler, paniquée : mais il la rattrapait au dernier moment et la serrait très fort pour qu'elle ne tombe pas. Il adorait la lécher longuement derrière l'oreille, puis plonger la langue dans le creux, et aussi sur la nuque, là où poussent les petits cheveux follets, jusqu'à ce qu'elle se liquéfie comme du miel en fusion. Charlie ne l'avait jamais frappée ni injuriée. Il lui avait appris à danser, étroitement plaquée contre lui, à porter un minuscule bikini, à prendre des bains de soleil sur le ventre, toute nue, les yeux fermés, en pensant à plein de choses cochonnes, et même à arborer de longs pendants d'oreilles ornés d'une pierre verte qui mettaient en valeur son visage et son cou.

Après quoi, il avait dû rendre la Lancia, il s'était cassé le bras, qu'on lui avait plâtré, et il était retourné à Eilat, mais avec une autre fille, Lucie, qui avait failli être élue Miss Plage. « Écoute, Gogog, lui avait-il dit avant de s'en aller, je suis terriblement désolé, mais essaie quand même de comprendre, Lucie était là avant toi, elle et moi, en fait, on s'est séparés parce qu'on a eu une petite dispute, alors on a arrêté de se voir pendant quelque temps, mais maintenant, on s'est rabibochés, voilà, et Lucie te fait dire qu'elle ne t'en veut pas du tout, *no hard feelings*, tu t'en remettras, Gogog, tu vas voir, et tu vas trouver un type meilleur que moi, parce que tu mérites le top du top, tu sais. Et puis Gogog, toi et moi, on s'est bien amusés et c'est l'essentiel, non ? »

*

Riki a fini par donner la robe à paillettes à l'une de ses cousines, et elle a fourré le bikini minuscule au fond d'un tiroir, derrière la boîte à couture, où elle l'a oublié :

les hommes sont comme ça, il y a quelque chose qui cloche chez eux, voilà, mais à son avis, les femmes n'ont rien à leur envier, et c'est pour ça que, d'une manière ou d'une autre, l'amour finit toujours mal.

Charlie a quitté depuis longtemps le club des Bnei Yehouda. À présent, il est marié, il a trois enfants et une fabrique de chauffe-eau solaires à Holon qui marche du tonnerre et exporterait même dans les territoires et à Chypre. Et la fameuse Lucie ? Avec ses jambes maigrelettes ? Qu'est-elle devenue ? Est-ce que Charlie l'a jetée après usage elle aussi ?

Si j'avais son adresse ou son numéro de téléphone, je prendrais mon courage à deux mains et je chercherais à reprendre contact. Je l'inviterais à boire un café. Nous discuterions. Nous deviendrions même amies, qui sait ? Maintenant, c'est drôle, Charlie m'est complètement indifférent, mais pas elle. Je ne pense plus du tout à lui, même pour le mépriser, mais à elle oui, quelquefois : peut-être Lucie a-t-elle pris le même chemin que moi ? Est-ce qu'il l'appelait Gogog au lit également ? Est-ce qu'il faisait le va-et-vient avec son nez dans sa bouche en rigolant ? Est-ce qu'il lui guidait la main pour lui faire découvrir son corps à elle aussi ? Nous pourrions en parler et devenir amies, si j'arrivais à la retrouver.

L'amitié entre homme et femme n'existe pas, surtout si le courant passe. Et sinon, il n'y a strictement rien. Mais entre filles, surtout celles à qui les hommes en ont fait voir de toutes les couleurs et, en particulier, celles qui en ont bavé à cause du même type... Ça vaudrait peut-être le coup d'essayer de lui mettre la main dessus, à la Lucie ?

*

Deux hommes, la cinquantaine oisive, sont assis à la table d'à côté. Celui qui paraît être le chef, un homme massif, impérieux, la boule à zéro, semble tout droit sorti d'un film de gangsters où il jouerait le rôle du sbire. Son compagnon, une demi-portion, décrépit, flétri même, est le genre fort en gueule, prompt à prodiguer son estime ou sa pitié inconsidérément. L'auteur allume sa cigarette en présumant qu'il s'agit d'un commissionnaire, voire d'un représentant en séchoirs à cheveux. Il appelle le caïd monsieur Léon, et l'autre, le lèche-bottes, sera Shlomo Hougi. Tous deux s'entretiennent de considérations générales à propos de la réussite.

« De toute façon, le temps qu'on arrive à quelque chose, la vie est déjà finie, décrète l'homme de main.

— Cent pour cent d'accord, ce n'est pas moi qui te contredirais, renchérit son second, mais tu admettras que vivre uniquement pour le boire et le manger n'est pas vraiment la panacée. L'homme a besoin d'un minimum de spiritualité, comme on dit dans le judaïsme. Un supplément d'âme.

— Tu parles en l'air, comme d'habitude, tranche sèchement le chef, dégoûté. Que dis-je, en l'air, dans les nuages ! Ce serait plus clair si tu me donnais un exemple concret.

— Bon, d'accord, allons-y, prends par exemple le cas d'Hazam, celui de chez Isratext, Ovadia Hazam, tu te rappelles ? Il a gagné un demi-million au loto, il y a deux ans. Après, il a divorcé, il a fait la java, il a déménagé, investi, prêté de l'argent à tort et à travers, et puis il est entré au parti et a intrigué pour se faire élire chef de section, bref, il vivait comme un roi. Comme un lord même. Et puis il s'est choppé un cancer du foie et on l'a hospitalisé à Ichilov dans un état critique. »

M. Léon fait la grimace en bâillant d'ennui.

« Ovadia Hazam ? Bien sûr ! J'étais au mariage de son fils. Il se trouve que je connais très bien son cas : il dilapidait son argent à droite et à gauche, pour faire la charité ou prendre du bon temps, il se baladait en ville dans une Buick bleue avec des blondes, des filles russes, et il cherchait tous azimuts des investisseurs, des gens entreprenants, des associés, des garanties, des sources de profit. Le pauvre. Mais je ne vois pas le rapport avec la question qui nous occupe : ce n'est pas le bon exemple. Le cancer, mon vieux, n'est pas dû à de mauvaises habitudes. Aujourd'hui, les scientifiques disent que ça vient de la pollution ou du stress. »

*

L'auteur laisse la moitié de son omelette. Il boit deux ou trois gorgées de son café, qui a comme un arrière-goût d'oignon brûlé et de beurre frit. Il consulte sa montre. Il règle Riki qui lui rend la monnaie, lui sourit et, pour la remercier, il glisse le pourboire sous la soucoupe. Cette fois, il évite de la reluquer, mais tandis qu'elle s'éloigne, il ne peut se défendre de loucher sur sa chute de reins et ses cuisses : sous la jupe, la culotte remonte légèrement du côté gauche. Impossible de détacher les yeux. Il finit par se lever, se dirige vers la porte, revient sur ses pas et descend les deux marches qui mènent aux toilettes sans fenêtre : l'ampoule est grillée, la peinture s'écaille et cela sent la pisse à plein nez, ce qui lui rappelle qu'il n'a pas préparé ses réponses aux questions du public.

En remontant, il note que M. Léon et Shlomo Hougi ont rapproché leurs chaises et, épaule contre épaule, examinent un carnet ou un bloc-notes. Le type autoritaire suit lentement les lignes d'un pouce épais en chuchotant avec insistance et en secouant énergiquement la tête de droite à gauche, comme pour signifier que la question est close, tandis que son acolyte opine du chef.

*

Une fois dehors, l'auteur rallume une cigarette. 21 h 20. La soirée est chaude et poisseuse d'humidité, les rues et les jardins sont immobiles dans l'air saturé de suie et de vapeurs d'essence. Ce doit être terrible, dans cette atmosphère étouffante, de se retrouver à Ichilov à l'article de la mort, le corps hérissé d'aiguilles et de tuyaux, au rythme haletant d'un poumon artificiel asthmatique, songe l'écrivain. Avant de tomber malade, Ovadia Hazam était un homme actif, il avait la bougeotte, il était sans cesse par monts et par vaux. Malgré sa corpulence, il avait la démarche agile, presque dansante, il sillonnait la ville dans sa Buick bleue, entouré d'une nuée de collaborateurs, d'amis, de donneurs de conseils, de poules, d'investisseurs, d'affairistes, de gens bouillonnant d'idées et d'initiative, de solliciteurs et de magouilleurs de tous poils. Il tapait sur l'épaule des uns et des autres, serrait n'importe qui, homme ou femme, sur sa vaste poitrine, envoyait une bourrade amicale dans les côtes de ses interlocuteurs, s'exclamant ma « parole d'honneur » pour un oui ou pour un non, s'ébahissant pour un rien, rugissant de rire, poussant un coup de gueule, sermonnant, plaisantant, ponctuant ses discours de : « c'est incroyable ! », hurlant : « tu vas t'enlever ça de la tête, je te jure ! », citant la Bible à tout bout de champ, et puis, cédant à une émotion subite, il se mettait à couvrir de baisers et de caresses passionnés n'importe qui, homme ou femme, tombant pratiquement à genoux, les larmes aux yeux avec un sourire gêné, ensuite les embrassades, les caresses, les effusions et les sanglots reprenaient de plus belle et, avec un salut cérémonieux, il jurait ses grands dieux qu'il n'oublierait jamais, et puis il reprenait ses jambes à son cou, hors d'haleine, souriant, avec un ample geste d'adieu de la main où se balançaient constamment les clés de sa Buick.

*

Ce soir-là, sous la fenêtre de la chambre des soins palliatifs où Ovadia Hazam agonise, c'est un vacarme incessant de sirènes d'ambulances, de crissements de freins, de spots publicitaires tonitruants à la radio, provenant de la station de taxis, à l'entrée de l'hôpital. À chaque inspiration, des remugles de moisi, d'urine, d'analgésiques, de restes de nourriture, de sueur, de pulvérisations, de chlore, de médicaments, de pansements souillés, de déjections, de salade de betteraves et de désinfectant vous pénètrent les poumons. On a eu beau tout ouvrir dans l'ancienne maison de la culture, appelée aujourd'hui centre communautaire Shunia Schor et les sept victimes de la carrière, avec les climatiseurs en panne, l'air vicié se fige, suffocant. Le public dégouline. Debout dans le passage, les uns bavardent avec des connaissances, les autres ont pris place sur des sièges inconfortables, les jeunes sur des bancs, loin de l'estrade, leurs aînés ayant accaparé les premiers rangs. Les vêtements collent à la peau et chacun macère dans son odeur corporelle, et celle de ses voisins, stagnant dans l'air corrompu.

Dans l'intervalle, on commente les dernières nouvelles, la tragédie de Saint-Jean-d'Acre, les fuites après le dernier conseil des ministres, la corruption, la situation générale, la panne des climatiseurs, la chaleur. De minuscules insectes se glissent entre les cols et les nuques, à croire que l'on se trouve en Afrique tropicale. Les relents de transpiration et de déodorant se mêlent dans l'air à couper au couteau.

Dehors, à quelques rues de là, les sirènes d'une ambulance ou d'une voiture de pompiers rugissent par intermittence, hurlements sinistres qui vont en décroissant, non pas à cause de la distance, mais comme s'ils étaient à bout de forces. Puis c'est le hululement de l'alarme d'un véhicule en stationnement qui panique soudain, seul dans le noir. L'auteur aura-t-il quelque pensée inédite, ce soir ? Pourra-t-il nous expliquer comment nous en sommes arrivés là et ce que nous pourrions faire pour changer la situation ? Entrevoit-il quelque chose qui nous serait encore caché ?

*

Certains s'éventent avec le livre dont on va parler ce soir ou avec un numéro du *Davar*[1]. L'auteur n'est toujours pas arrivé. Le programme prévoit une intro-

1 *Davar*, quotidien du parti travailliste, fondé en 1925, dont la publication a cessé en 1994. (*Note de la traductrice*)

duction, l'exposé d'un spécialiste de littérature, la lecture de quelques passages tirés du dernier ouvrage, la communication de l'auteur, les questions du public, quelques mots de récapitulation et la conclusion. L'entrée est libre et l'écrivain pique la curiosité.

Enfin, le voilà !

Le délégué à la culture local l'attend depuis vingt bonnes minutes dehors, en bas de l'escalier : c'est un brave homme jovial de soixante-douze ans, un gros rougeaud aux joues striées de veines bleues, dont la figure rappelle une pomme blette oubliée au fond d'une corbeille où elle s'est ratatinée. En dépit des années, son esprit est resté pareil à un tuyau de pompier déversant tous azimuts du zèle social à jets continus. Mais il émane de sa personne une odeur aigre, perceptible à la distance d'une poignée de main. D'emblée, il témoigne à l'auteur, son cadet de trente ans, une affection débordante, mêlée d'une joyeuse admiration, cette sorte de familiarité régnant entre de vieux guérilleros, « vous et moi, chacun sur son terrain, nous travaillons d'arrache-pied au rayonnement de la culture et des idées et apportons notre pierre à l'édifice de la pensée. C'est pourquoi ici, en coulisses, nous pouvons nous accorder une petite récréation avant d'aborder les choses sérieuses là-dedans, sur l'estrade ».

*

« Alors, alors, alors, bienvenue mon jeune ami, bienvenue, on vous attend comme le jeune marié, hi hi, mais comment dire, vous n'êtes pas en avance ? Pardon ? Vous avez été retardé au café ? Bon, ce n'est pas grave, personne n'est jamais à l'heure chez nous. Vous connaissez la blague du circonciseur qui a failli rater la cérémonie ? Non ? Je vais vous la raconter. Enfin, plus tard — l'histoire est un peu longue, et d'ailleurs elle se trouve chez Druyanov, vous connaissez ? Non ? Pas possible ! Vous, un homme de lettres d'Israël, vous ne connaissez pas Druyanov ? Rabbi Alter Druyanov, l'auteur du *Livre des plaisanteries et des traits d'esprit* ! C'est une vraie mine pour tout écrivain juif qui se respecte. Bon. Passons. Le public brûle d'impatience. Nous reparlerons de Druyanov ultérieurement. Sans faute. N'oubliez pas de me le rappeler. J'ai ma petite idée sur la différence essentielle entre une plaisanterie et un bon mot. Tout à l'heure, tout à l'heure. Vous êtes arrivé en retard, mon ami, ce n'est pas grave, ce n'est pas grave, ça ne fait rien, sauf que nous autres, nous commencions à croire que les Muses, hi hi, nous avaient effacés de votre cœur. Mais nous n'avons pas renoncé pour autant ! Non, non, mon cher ami ! Nous sommes des gens entêtés, c'est bien connu ! »

L'auteur, quant à lui, s'excuse de son retard et s'en sort par une pirouette :

« Vous auriez pu commencer sans moi.

— Hi hi hi, sans vous ? Elle est bien bonne ! » Le vieux délégué à la culture part d'un gros rire qui exhale des relents de fruit gâté : « mais, sauf votre respect, vous aussi, vous auriez pu commencer sans nous, n'importe où ailleurs ! À propos (tous deux s'essoufflent en gravissant l'escalier), à votre avis, qu'est-ce que ces renards d'Américains arracheront à leurs amis arabes ? Finiront-ils par obtenir un semblant de paix ? Au moins pour un an ou deux ? Non ? »

Et de fournir aussitôt la réponse.

« Ils n'obtiendront rien de rien. Ils ne nous attireront que de nouveaux malheurs. Comme si nous n'en avions pas assez des nôtres. Du jus d'orange ? De la limonade ? Une boisson gazeuse ? Non ! Il ne faut pas hésiter ! L'incertitude est fâcheuse. Tenez, j'ai décidé pour vous, voilà, hi hi, à condition que, de votre côté, vous nous offriez une soirée effervescente !

« Allons, buvez tranquillement, et après nous passerons à l'attaque. Notre public, à mon humble avis, a terriblement besoin qu'on le secoue, qu'on le provoque un peu, même. Et vous, mon cher, ne le ménagez pas, surtout ! Bon, si vous avez fini, allons-y. Ils doivent nous en vouloir, là-bas. »

Et les voilà tous les deux, l'auteur et le vieux délégué à la culture, quittant les coulisses en file indienne pour monter sur l'estrade, la mine grave, solennels comme une théorie d'huissiers de justice. Murmures dans la salle, sans doute parce que l'auteur porte une chemise d'été, un pantalon kaki et des sandales : il a davantage l'air d'un kibboutznik venu en ville préparer une manifestation pour la paix, ou d'un officier de réserve en civil, que d'un artiste. On dit que, dans sa vie privée, c'est un homme simple, humainement parlant, quelqu'un d'ordinaire comme vous et moi, et voyez les histoires alambiquées qu'il invente. Il a sûrement eu une enfance difficile. Ce serait intéressant de connaître sa vie de couple. En tout cas, d'après ses livres, ça ne doit pas être rose tous les jours. Il est divorcé ? Non ! Deux fois ? Pas étonnant quand on lit ses bouquins : il n'y a pas de fumée sans feu. En tout cas, il ne ressemble pas à ses photos. Il a pris un coup de vieux, le bonhomme. Quel âge peut-il avoir ? Dans les quarante-cinq, non ? Au maximum. Vous savez quoi, j'étais sûre et certaine qu'il était beaucoup plus grand.

*

On place l'auteur au centre, entre la lectrice et le spécialiste de littérature. On échange des signes de tête et des poignées de main. Rochale Reznik s'empresse de retirer la sienne, comme si elle se brûlait à son contact. L'écrivain note dans un coin de sa mémoire que son cou gracile est plus rouge que ses joues.

Le délégué à la culture se lève pesamment, il fait des essais de micro, ouvre la séance, toussote, s'excuse de la climatisation en panne, mais à quelque chose malheur est bon, plaisante-t-il, nous serons dispensés de ce bourdonnement assommant et nous aurons la chance de ne pas perdre une miette !

Après quoi, il détaille le programme de la causerie en promettant que, à la fin de la réunion, le public pourra longuement débattre avec l'auteur qu'il est inutile de présenter, mais comme il ne sera pas dit qu'il rentrera les mains vides, il se propose, pour commencer, de consacrer dix minutes à sa biographie et à son œuvre (il lui reconnaîtra par erreur la paternité d'un roman célèbre de quelqu'un d'autre), et termine son préliminaire en rapportant allégrement la boutade que lui a sortie l'écrivain dans l'escalier tout à l'heure :

« Permettez-moi de vous raconter que notre héros du soir s'est étonné, hi hi, que nous l'ayons attendu au lieu de commencer sans lui ! À ce propos, il convient de citer un vers fameux du vieux poète Tsefania Beit-Ha'lachmi tiré de *Vie et mort en quatre rimes*, qui dit à peu près ce qui suit : *Point d'époux sans mariée, ni de pour sans parlers.* Voilà. Si vous le voulez bien, nous allons entrer dans le vif du sujet. Bonsoir tout le monde et bienvenue à la réunion mensuelle de notre cercle littéraire, dans notre centre communautaire restauré Shunia Schor et les sept victimes de la carrière. J'ai d'abord l'immense satisfaction de vous annoncer que notre club des belles-lettres ne désemplit pas une fois par mois, depuis onze ans et demi.

*

L'auteur prend le parti de ne pas sourire, et adopte une mine recueillie, un peu triste. Tous les regards sont braqués sur lui, mais, feignant de ne rien voir, il fixe résolument le portrait de Berl Katznelson accroché au mur, à droite de la tribune. Katznelson a l'air affable et patelin, comme s'il venait d'accomplir une bonne action par quelque stratagème connu de lui seul. Pour l'heure, c'est lui le roi. Un lord même. Et avec un temps de retard, l'auteur ébauche le sourire que le public attendait, pendant que le délégué à la culture prononçait son speech.

Au même instant, l'auteur croit entendre à l'autre bout de la salle un petit rire moqueur, une sorte de ricanement agressif et sardonique. Il jette un regard circulaire : rien. Personne n'a l'air d'un mauvais plaisant. Il entend des voix. Les coudes posés sur la table, le menton dans la main, il affecte une attitude modeste et distante tandis que, debout, le spécialiste de littérature, son crâne chauve miroitant sous les spots du plafond, pérore avec conviction sur les comparaisons et les parallèles entre le dernier roman de l'auteur et ceux de quelques autres écrivains contemporains et antérieurs, il révèle les influences, détecte les sources d'inspiration, expose les trames cachées, précise les différents plans ou niveaux, opère des rapprochements inattendus, plonge au fond du récit pour y fouiller avant de refaire surface, hors d'haleine, en exhibant le butin qu'il a rapporté des profondeurs, il déchiffre les codes, plonge et remonte derechef, divulgue des messages cachés, décrypte les ficelles dont a usé l'auteur, la stratégie de la double négation, par exemple, ou les leurres et les subterfuges qui sous-tendent l'œuvre, puis il aborde le problème de l'authenticité, de la crédibilité, ce qui revient à poser la question des sources narratives, il passe ensuite à la dimension de l'ironie sociale et à la limite floue qui la sépare de l'autodérision, ce qui nous amène naturellement au sujet des frontières de la légitimité, des procédés, du contexte intertextuel, et de là au formel, au pseudo-archaïque, voire au politico-actuel, il n'y a qu'un pas. Ces plans latents sont-ils légitimes ? Vraiment immanents ? Cohérents ? Synchroniques ou diachroniques ? Dysharmoniques ou polyphoniques ? Enfin, l'expert lève l'ancre pour cingler vaillamment vers le large, la mer du sens, non sans éblouir au préalable son auditoire en faisant un sort à la question fondamentale de la signification exacte du terme « sens » dans le contexte de la création artistique en général et littéraire en particulier, ainsi que, naturellement, concernant l'œuvre qui nous occupe ce soir.

En vain.

Il faut dire que, à ce stade, l'auteur en a par-dessus la tête de ses artifices : les mains posées sur les tempes (un tic hérité de son père, un petit diplomate), il n'écoute plus et laisse vaguer ses regards sur la salle, dans l'espoir de distinguer une physionomie amère, sensuelle ou misérable, saisir l'instant où des jambes se décroisent et se croisent, remarquer une mèche blanche rebelle, capter un visage exalté, crispé par la concentration, repérer un filet de sueur s'enfonçant dans le creux des seins. Tiens, près de l'issue de secours, il avise la longue figure pâle, intelligente, d'un jeune étudiant de *yechiva* ayant viré sa cuti pour devenir, disons, un ennemi de l'ordre établi et ici, au troisième rang, une fille bronzée à la jolie poitrine moulée dans un bustier vert, qui se tripote machinalement l'épaule de ses doigts minces.

Comme si l'auteur leur faisait les poches, pendant que le spécialiste de littérature les guide dans les méandres de son œuvre.

*

Et là-bas, les jambes variqueuses écartées, il aperçoit une femme corpulente à la large face : il y a des années qu'elle a cessé de faire attention et abandonné les régimes, elle n'a cure de la beauté, son apparence la laisse froide, car elle a choisi d'évoluer dans de plus hautes sphères. Bouche bée, toute à la douceur de l'événement culturel qu'elle est en train de vivre, elle ne quitte pas du regard le conférencier, le spécialiste de littérature.

Juste derrière elle, un adolescent, dans les seize ans, s'agite sur son siège, l'air malheureux : c'est peut-être un poète en herbe avec son visage boutonneux et ses cheveux noirs frisés, pareils à de la paille de fer poussiéreuse. Les affres de son âge et les tourments qu'il vit la nuit, dans l'obscurité, retroussent ses lèvres en un rictus proche des larmes, et, à travers ses lunettes épaisses comme des chopes de bière, il voue à l'auteur une passion secrète : ma souffrance est la tienne, ton âme est la mienne, toi seul peux comprendre, ne suis-je pas le solitaire qui se consume entre les pages de tes livres ?

*

Devant le garçon, l'auteur remarque un homme imposant et massif : il roule des yeux furibonds et a tout l'air d'un syndicaliste. Il y a dix ou quinze ans, ce devait être un professeur énergique et idéaliste, enseignant dans une vieille école située dans des quartiers ouvriers qui se sont embourgeoisés, ou bien un inspecteur régional adjoint (à la retraite). Il a les mâchoires aplaties, des sourcils en broussaille d'un jaune tirant sur le gris extraordinairement fournis et une verrue de couleur sombre en forme de cafard sur la lèvre supérieure, à la base de la narine droite. L'auteur se dit que, d'ici à la fin de la réunion, ils auront largement l'occasion d'entendre le point de vue de cet homme intransigeant : il est quasiment certain qu'il n'est pas venu là ce soir pour s'ouvrir de nouveaux horizons ni se distraire, mais avec la ferme intention de se redresser de toute sa taille à la fin des interventions, de taper du poing sur la table et de porter un jugement définitif sur ce qu'on appelle « la littérature hébraïque actuelle », qui en ce moment, au début des années quatre-vingt, n'a malheureusement à nous offrir qu'un verbiage creux dont nous n'avons que faire.

*

L'auteur décide de baptiser l'ex-professeur docteur Pessach Yikhat. La serveuse du café se nomme Riki. L'homme de main est toujours M. Léon et son obséquieux bras droit Shlomo Hougi. Le poète en herbe sera Youval Dahan, mais ses premiers poèmes, qu'il a envoyés en tremblant au rédacteur littéraire, sont signés Youval Dotan. La femme assoiffée de culture s'appellera Myriam Hora'it (surnommée Myriam l'Horrible par les gamins de la cité). L'histoire se passe dans un immeuble vétuste aux murs lépreux, rue Reines à Tel-Aviv. Un lien ténu va se tisser entre Myriam Hora'it et l'adolescent binoclard qu'un matin sa mère envoie chez leur voisine. Celle-ci lui propose un jus de fruits et deux biscuits faits maison, mais il refuse poliment un troisième, ainsi qu'une pomme, et en partant il bredouille que non, il ne joue pas d'un instrument, mais que oui, il écrit un peu. Pas grand-chose. Juste des ébauches.

Il revient un ou deux jours plus tard, sur son invitation, pour lui montrer ses poèmes qui ne manquent pas de maturité, au contraire, et où elle décèle une profondeur affective, une richesse lexicale, une sensibilité esthétique et un immense amour de l'homme et de la nature. Cette fois, le jeune homme se voit gratifier d'une orange, qu'elle lui épluche elle-même, en plus de trois biscuits et d'un jus de fruits.

Youval retourne frapper à sa porte une semaine plus tard, ainsi que les autres jours. Mme Hora'it lui a préparé de la compote de pommes, très épaisse et sucrée. Il lui offre timidement le cadeau qu'il lui a acheté : un nautile fossile enchâssé dans un bloc de verre bleuté. Les soirs suivants, dans le feu de la discussion, elle lui effleure le bras ou l'épaule. De surprise ou dans un moment d'attendrissement maternel, elle préférera ignorer la main apeurée qui, une fois — une seule —, s'égarera sur le devant de sa robe et, retenant son souffle, s'attardera comme en pâmoison sur un sein. C'est le moment que choisit la voisine, Lisabetta Kunitzin, pour regarder par la fenêtre de sa cuisine. La méchanceté et les ragots iront bon train et auront tôt fait d'étouffer dans l'œuf ce qui finira honteusement. Myriam Hora'it continuera à concocter de la compote de pommes, sucrée comme de la confiture avec la consistance de la colle, qu'elle lui gardera au réfrigérateur, une fois refroidie, mais le jeune Youval Dotan ne remettra plus les pieds chez elle, sinon dans ses poèmes et ses regrets, ses fantasmes glauques, la nuit, au cours desquels il décidera qu'il n'a plus de raison de vivre, mais différera l'acte après la conférence, car il espère vaguement y rencontrer l'auteur qui comprendra sa détresse et lui tendra une main secourable, et, qui sait, l'invitera même chez lui, il s'extasiera sur ses poèmes et peut-être que, un peu plus tard, quand leur relation se sera muée en amitié, puis en communion d'idées — là, ses divagations deviennent si merveilleuses, si voluptueuses qu'elles en sont presque insupportables —, peut-être que l'auteur lui ouvrira les portes du monde littéraire. Un monde fabuleux, éblouissant, un monde où, en fin de compte, il y aura une étourdissante consolation aux souffrances du poète, un tonnerre d'applaudissements, l'admiration des filles défaillantes de douceur et l'amour des femmes mûres, brûlant de lui accorder généreusement tout ce dont il rêvait et même ce qu'il n'imaginait pas dans ses rêves les plus fous.

*

Il vaut probablement la peine de passer à la première personne, du point de vue d'un voisin, Yerouham Shdemati, par exemple, le délégué à la culture rondouillard qui t'a présenté au début de la soirée en citant un vers amusant tiré du recueil *Vie et mort en quatre rimes* de Tsefania Beit-Ha'lachmi, *point d'époux sans mariée, ni de pour sans parlers.* Par une accablante soirée d'été, ses pieds enflés baignant dans une cuvette d'eau froide, épuisé, ruisselant de sueur, ratatiné, le visage couperosé, notre délégué à la culture était dans le noir, affalé sur une chaise longue au balcon de son deux-pièces, dans un immeuble réservé aux militants. Il songeait aux rares souvenirs qu'il avait conservés de sa mère, morte à Kharkov depuis soixante-six ans, quand il n'en avait que six (elle s'appelait Lisabetta, comme l'autre, la commère). Et voilà qu'il surprend un murmure de voix juste au pied du balcon. Il devrait se lever et rentrer immédiatement, il n'a pas le droit, ni aucun intérêt non plus à écouter aux portes : mais il est trop tard. En effet, s'il bougeait maintenant, le couple prendrait peur, le plongeant lui-même dans l'embarras. En désespoir de cause, Yerouham Shdemati reste piteusement sur place, mais décide de se boucher les oreilles par correction ; mais le temps qu'il se décide, il a reconnu Youval Dahan, le fils un peu toqué des voisins, et les inflexions liquides de Myriam Hora'it, une voix aux intonations qui ne trompent pas : un jour, il y a des années, la nuit où les Soviétiques ont lancé dans l'espace leur premier spoutnik, etc.

*

On pourrait peut-être concéder au délégué à la culture certains traits empruntés au spécialiste de littérature (qui, en ce moment, expose le paradoxe des changements de points de vue dans l'œuvre) : par exemple, l'amphithéâtre de cheveux blancs à la Ben Gourion couronnant son crâne couvert de taches de rousseur ; son débit bourdonnant, acariâtre, pareil à un essaim d'abeilles en colère ; on pourrait aussi copier sa diction péremptoire, à croire qu'on vient de lui assener un argument décisif. Mais loin de s'avouer battu, le voilà qui contre-attaque avec une hargne policée, clouant le bec à ses détracteurs et décochant même une pique faussement aimable. L'auteur serait porté à attribuer au conférencier vingt années de veuvage et à le doter d'une fille, Aya, qui, après sa conversion à la foi, aurait épousé un colon d'Elon Moreh. Le nom de Yakir Bar-Ourion (Zhitomirsky) lui irait comme un gant. Telles sont les élucubrations de l'auteur, tandis que Bar-Ourion atteint des sommets en présentant l'œuvre qui nous occupe comme un piège, une salle aux miroirs déformants hermétiquement close, sans porte ni fenêtre. Au même moment, une sorte de ricanement fuse dans un coin de la salle, comme un rire étouffé, désespéré et railleur : l'auteur, un peu vexé, se trouble et perd le fil de ses pensées subversives. Il donnerait n'importe quoi pour en griller une.

*

Le poète Tsefania Beit-Ha'lachmi, l'auteur de *Vie et mort en quatre rimes*, d'où le délégué à la culture a tiré dans son préambule le vers suivant : « *Point d'époux sans mariée, ni de pour sans parlers* », est-il toujours en vie ? Voilà plusieurs années que sa poésie a disparu des suppléments et des revues littéraires. Il est oublié de tous, excepté peut-être de quelques vieillards en maison de retraite. Pourtant, du temps de sa jeunesse, se souvient l'auteur, on le citait à toutes les sauces, dans les cérémonies, les fêtes, les manifestations populaires :

*L'homme à l'image de Dieu est créé*
*L'homme est en soi un univers,*
*L'individu — quel mystère !*
*Chacun en son cœur a rêvé !*

(À l'époque, ce poème avait été mis en musique sur un air russe mélancolique, et toute une jeunesse romanesque, dont notre auteur, le chantait d'une voix empreinte de tristesse nostalgique, devant un feu de camp ou sur la pelouse, au kibboutz. Mais aujourd'hui, les paroles et la mélodie sont oubliées, de même que leur candide auteur.)

Quand il était en verve, Beit-Ha'lachmi composait ce qui suit : « *Seul le bourrin / ne doute de rien* », ou encore : « *Sang, feu, colonnes de fumée : / un âne disert et bâté.* »

Une des filles de sa classe (elle n'était pas jolie, mais attirante) avait offert à l'auteur, alors âgé d'une quinzaine d'années, *Narcisse et Goldmund* d'Hermann Hesse où, en guise de dédicace, elle avait recopié un quatrain de Tsefania Beit-Ha'lachmi :

*Autant en emporte le vent,*
*Il souffle, vient et va,*
*Peut-être cette fois, attends :*
*Sur ses ailes te prendra ?*

*

Une fois que Bar-Ourion eut débité son laïus, c'est au tour de Rochale Reznik de lire quatre passages du nouveau roman. C'est une fille timide, maigre et effacée d'environ trente-cinq ans, jolie, mais pas attirante avec ses cheveux sombres, nattés à l'ancienne mode en une tresse épaisse qui retombe sur son sein gauche.

Elle porte une robe de cotonnade crème sans manches, boutonnée jusqu'au menton et imprimée de délicats cyclamens bleus ou violets. Sa tenue, sa natte et sa réserve font songer aux pionnières des générations passées. À moins qu'elle ne soit issue d'un milieu orthodoxe ?

Debout, le dos un peu voûté, le front penché vers le micro, brandissant le livre à bout de bras, tel un plateau chargé de coupes, Rochale Reznik lit des pages de ton roman comme s'il ruisselait de douceur et de tendresse. Et même le dialogue caustique, jonché de débris de verre sous ta plume, déborde d'humanité et d'émotion dans sa bouche.

Pourquoi es-tu là, ce soir ? s'interroge l'auteur. Qu'es-tu venu faire ici ? Tu devrais être à la maison, assis à ton bureau, ou allongé sur le tapis, les yeux au plafond. Quel obscur démon te pousse à fréquenter ces réunions ? En ce moment, tu pourrais tranquillement écouter chez toi la cantate BWV 106, l'*Actus tragicus* de Bach.

Tu aurais pu devenir ingénieur des ponts et chaussées, spécialisé dans la construction de voies ferrées en altitude dans des zones difficiles d'accès, comme tu en rêvais quand tu étais petit. (Lorsque son père était secrétaire à l'ambassade de Bogotá, l'auteur — qui avait douze ans — avait visité une région montagneuse où un train bringuebalant serpentait entre des précipices vertigineux, voyage qui n'avait cessé de hanter ses rêves, la nuit.)

Et d'ailleurs pourquoi écris-tu ? Pour qui ? Quel message veux-tu délivrer, si tu en as un ? Quel rôle tes histoires jouent-elles et à qui profitent-elles ? Qu'as-tu à répondre aux questions fondamentales, ou au moins à quelques-unes ?

Grâce, bonté et miséricorde, voilà ce que trouve entre tes pages Rochale Reznik, une fille sympathique et presque jolie, mais pas vraiment attirante.

*

Un garçon est assis sur le côté, au fond de la salle, pratiquement au dernier rang — non, en fait, c'est un homme anguleux et sec, on dirait un singe qui a perdu sa fourrure et dont seul le visage émacié est mangé de barbe, la soixantaine chiffonnée, quelques rares cheveux se dressant sur son crâne, telle une crête anémique. Ce pourrait être, voyons, un militant qui se serait fait virer du secrétariat de la section parce que surpris en train de remettre des papiers confidentiels aux agents d'un parti rival. Depuis, il subsiste difficilement de leçons particulières en mathématiques.

Tiens, on va l'appeler Arnold Bartok. Il y a un mois, il a été licencié du centre de tri des colis postaux d'une messagerie privée où il travaillait à mi-temps, son col est noir de transpiration et de suie mêlées, il flotte dans son pantalon, il ne lave pratiquement jamais sa chemise ni ses sous-vêtements, porte des sandales éculées, il rédige, la nuit, des mémos à l'intention des ministres, des journalistes et des députés, adresse des lettres à la rédaction des journaux, des requêtes pressantes au contrôleur de l'État, au Président, et puis il a des hémorroïdes qui le font terriblement souffrir. Surtout au matin.

Il vit avec sa mère, Ophélia, paraplégique. La nuit, ils partagent la même couverture et le même grabat miteux dans leur chambre, un cagibi sans fenêtre, l'ancienne petite laverie de son père. Depuis la mort de ce dernier, le rideau de fer rouillé du magasin est baissé et cadenassé, et l'entrée dans l'arrière-cour est fermée par une porte bancale en contreplaqué. Les w.-c. se trouvent dans une baraque en tôle, au fond du jardin, mais la veuve invalide ne pouvant plus se déplacer, elle a besoin d'un pot de chambre émaillé qu'Arnold Bartok doit glisser sous elle toutes les heures ou toutes les deux heures, puis vider dans la cuvette ébréchée des toilettes, avant de le rincer au robinet, au milieu des poubelles. L'émail du pot, usé ou écaillé en plusieurs endroits, est maculé de taches noires. De sorte que, même après l'avoir lavé, frotté et désinfecté à l'eau de Javel, il a toujours l'air aussi malpropre.

Quant à la mère, il y a des années qu'elle ne l'appelle plus Arnold, mais Aralé, ou Arké par pure méchanceté, et quand il enrage : « Arrête, maman, ça suffit, tu sais très bien que je m'appelle Arnold ! », l'infirme exulte derrière ses lunettes et se moque avec une ironie mordante, en faisant sa coquette comme une enfant gâtée : « Encore ? Qu'est-ce qui t'arrive ? Qu'est-ce qui te prend, Aralé ? Pourquoi tu te fâches ? Tu veux me battre ? Comme ton père, ce saint homme, paix à son âme ? Aralé, tu veux me frapper, dis ? »

Arnold Bartok est-il l'individu méprisable qui glousse de rire pour la troisième ou la quatrième fois ? Est-ce du mépris ou de l'envie ? se demande l'auteur. Du dégoût ? De la colère ? À moins que ce ne soit l'expression abstraite, impersonnelle, de la souffrance à l'état pur ?

Le romancier tente d'imaginer Arnold Bartok, en caleçon humide de sueur, à 2 h 45 du matin dans l'exbuanderie humide qui sent le moisi, retirant le pot de chambre fumant de dessous sa mère, tandis que, ahanant sous l'effort, il la retourne sur le ventre pour l'essuyer, la nettoyer et changer sa couche.

*

Et lorsqu'on lui donne enfin la parole, l'auteur va tenter de répondre aux questions du public avec toute la patience, la simplicité et le sérieux dont il est capable. De temps à autre, il file la métaphore ou use d'exemples tirés de la vie quotidienne. Il s'emploie à exposer le distinguo entre expliciter et raconter une histoire. Il cite en passant Cervantès, Gogol, Balzac, Tchekhov et Kafka et place quelques bons mots pour amuser la galerie. Mine de rien, il va lancer des piques au spécialiste de littérature, tout en l'encensant pour sa prestation, le remerciant même de la pertinence de son analyse. Il ne comprend toujours pas la raison pour laquelle il a consenti à participer à une réunion qu'il n'a pas préparée, et comment il peut énoncer ces propos sans y adhérer le moins du monde, et surtout : il est bien forcé de reconnaître qu'il n'a pas le début d'une réponse sur les questions essentielles, ni le moindre intérêt pour les fadaises qu'il est en train de proférer, indépendamment de sa volonté.

Mais pourquoi donc Arnold Bartok a-t-il pris la peine de se déplacer ? Uniquement pour tendre son cou de lézard du fond de la salle en riant sous cape ? Au fond, il a parfaitement raison, se dit l'auteur sans s'arrêter de pontifier pour charmer son auditoire, notamment féminin.

*

Il marque une pause et fourrage dans ses cheveux en repensant à Riki, la serveuse, et à son premier amour,

Charlie, le gardien de but remplaçant des Bnei Yehouda qui lui écartait doucement les lèvres du bout du nez, la faisant presque défaillir de volupté. Il l'appelait Gogog, et même qu'il lui avait payé là-bas, à Eilat, une robe à paillettes, genre costume de scène d'une chanteuse de bar, dans un hôtel de la Côte, avant de la plaquer pour renouer avec une certaine Lucie, la dauphine de Miss Plage : c'est ça, les hommes ! il y a quelque chose qui cloche chez eux, voilà, mais à son avis, les femmes n'ont rien à leur envier, elles ont ce côté chatte rouée et hypocrite, et alors, la vérité, c'est que, dans un couple, l'homme et la femme ne valent pas mieux l'un que l'autre. Si le courant ne passe pas, comment voulez-vous qu'il y ait entente ? Or quand il passe, on finit par se brûler. Et voilà pourquoi, pense-t-elle, l'amour se termine presque toujours mal.

Mais peut-être qu'avec un peu de veine je finirai par tomber un de ces jours sur Lucie ? Nous aurons des tas de choses à nous raconter. On va bien rigoler, on se moquera de ce qui nous a fait tellement souffrir, autrefois. Je devrais chercher à la retrouver, cette Lucie, d'autant qu'elle était la dauphine de Miss Plage. À condition qu'elle soit toujours de ce monde. Vit-elle seule, elle aussi ? Comme moi ? Peut-être qu'elle voudra me revoir, qui sait ?

*

Le visage de l'auteur s'empreint de solitude, de spiritualité et de tristesse, tandis qu'il débite mensonge sur mensonge. Aux questions de la salle : « pourquoi écrivez-vous, etc. », il donne des réponses subtiles, drôles ou évasives, les stéréotypes habituels. Comme son petit diplomate de père le lui a enseigné. Et en guise de conclusion, il renvoie la balle au délégué à la culture par une autre citation de *Vie et mort en quatre rimes* :

*Un sage sans tête*
*Un sot au grand cœur*
*La joie peut finir dans les larmes*
*Mais comment percer l'énigme ?*

Les lecteurs se presseront ensuite pour qu'il leur dédicace son dernier roman, rituel auquel il se prêtera de bonne grâce, recevant les éloges avec une modestie rêveuse et un sourire pareil à un bâillement réprimé. Ce faisant, il s'efforcera d'amadouer le docteur Pessach Yikhat, l'irascible professeur aux larges mâchoires et aux épais sourcils grisonnants, à qui les poils sortent même des narines et des oreilles, lui assurant que la littérature moderne ne nie pas complètement l'État : la condamnation de l'injustice de l'occupation, la satire violente de la corruption et de la bestialité générale, la dénonciation de la pourriture et de l'indifférence ne signifient pas la négation de l'État, mais sont souvent la manifestation d'un profond déchirement. Même si les ennemis d'Israël nous plagient çà et là à leur profit, cela ne veut rien dire du tout, et d'ailleurs il y a eu des précédents chez les prophètes d'Israël, etc., sans parler de Bialik, Brenner, Uri Zvi Grinberg, Yzhar, etc.

L'auteur invitera gracieusement le garçon aux lunettes en cul de bouteille à lui expédier par la poste deux ou trois de ses essais poétiques :

« Envoyez-les-moi, oui, oui, j'insiste, mais soyez patient et n'espérez pas recevoir une réponse dans les quarante-huit heures, parce que vous comprendrez que beaucoup de gens m'expédient leurs textes pour que je leur donne mon avis, mais mon temps, hélas, bla bla bla… »

Avec une énergique poignée de main et un clin d'œil, l'auteur prendra ensuite congé de Yakir Bar-Ourion Zhitomirsky, le spécialiste de littérature, il congratulera le délégué à la culture Yerouham Shdemati, lequel le remerciera d'avoir accepté de les honorer de sa présence :

« Non, merci, inutile d'appeler un taxi, je préfère rentrer à pied, cela me revigorera de marcher un peu, peut-être qu'une petite brise s'est mise à souffler de la mer et qu'il fait un peu plus frais ? »

*

En descendant l'escalier pour gagner la sortie, il allume une cigarette en entourant Rochale Reznik de prévenances : il se répand en remerciements et en louanges sur sa lecture pleine de sensibilité et le charme de sa voix. Elle a un sourire embarrassé comme si, au lieu de la complimenter, on la punissait injustement. La gorge nouée, elle encaisse le coup et remercie l'auteur à son tour : ce n'est pas elle qui mérite les compliments, mais l'ouvrage qu'elle s'est contentée de lire.

« Merci, je vous en prie, ce n'est pas la peine », bafouille-t-elle, quand le romancier s'efface pour la laisser passer. Et un peu plus tard, comme si elle avait peur de le froisser : « Non, merci, je ne fume pas, désolée, merci, non, vraiment. » Telle une armure, elle serre contre sa poitrine son livre recouvert de papier kraft maintenu par deux élastiques.

« Vous savez, remarque l'auteur, au lieu de ces palabres, j'aurais de loin préféré que vous lisiez toute la soirée, un genre de récital littéraire, vous voyez, à la place de ces arguties, ces commentaires et ces analyses, sans parler des belles paroles dont je me suis gargarisé à la fin. Parce que vous lisez réellement de l'intérieur, entre les pages, et non dans un livre ouvert devant vous. On dirait que le texte parle directement aux auditeurs.

— Oh, merci, il ne faut pas, ce n'est vraiment pas la peine », bredouille Rochale Reznik, très gênée. Au même moment, elle se rend compte que ce n'est pas la réponse qu'il est en droit d'attendre et elle se confond en excuses, au bord des larmes.

La minuterie s'arrête dans l'escalier. D'une main, l'auteur tâtonne à la recherche du bouton, pendant que, de l'autre, il lui prend le bras pour lui éviter de trébucher, mais il se fourvoie et effleure accidentellement un sein tiède avant de se rattraper à la rampe. Entre-temps, quelqu'un a rallumé à un autre étage.

« Il n'y a pas de mal, merci, vraiment, merci beaucoup, balbutie Rochale Reznik, troublée, à l'auteur qui s'excuse. Je suis un peu émue, pardonnez-moi.

— Et puis, votre voix est exactement la voix intérieure du personnage, telle que je l'entendais en écrivant », poursuit l'auteur.

Rochale Reznik écoute, les lèvres tremblantes. Elle avait très très peur de cette soirée, avoue-t-elle, les yeux baissés. Elle avait vraiment la frousse, parce que lire des morceaux choisis devant l'écrivain, c'est un peu comme, disons, jouer du Schubert en présence du compositeur.

*

Le romancier propose à Rochale Reznik de la raccompagner chez elle : il a envie de se promener un peu dans les rues, de respirer l'air du soir, ils pourront bavarder en chemin, voire s'arrêter quelque part pour prendre quelque chose de chaud, ou de froid. Ou même d'un peu plus corsé ?

Elle est dans tous ses états, la honte lui marbre les joues et le cou, comme si la fermeture de sa robe s'était ouverte inopinément. Elle est désolée, mais il n'y a vraiment pas loin à aller, parce que, par hasard, elle habite juste ici, en face du centre communautaire, là-haut, juste là, à gauche, au dernière étage, la fenêtre obscure, elle est terriblement désolée, enfin pas désolée, mais… bon. Simplement, il se trouve qu'elle habite ici. En haut.

« S'il n'y a pas de lumière à la fenêtre, cela veut dire que personne ne vous attend et qu'on peut marcher un peu, non ? plaisante l'auteur.

— Mais si, on m'attend. Joselito. Je suppose qu'il doit consulter l'heure toutes les cinq minutes. Il se met en colère, dès que je suis en retard, et il commence à me donner mauvaise conscience : "Où étais-tu ? Qu'est-ce que tu faisais ? Comment as-tu osé ? Tu n'as pas honte ?"

— Joselito ?

— C'est mon chat. Un démon déguisé en chat.

— On pourrait quand même faire un tour avant que vous montiez sur votre terrasse ? insiste l'écrivain. Je m'expliquerai avec Joselito. Je vous donnerai un mot. Ou alors je chercherai un moyen de le soudoyer. Permettez-moi de vous emmener dans un endroit que je connais à cinq minutes d'ici. C'est là, au bout de la rue, à droite, venez, je vais vous montrer quelque chose et vous raconter une histoire. (Il lui prend doucement le coude, sans en avoir l'air.) Tenez, regardez, c'est exactement à l'emplacement de cette boutique. Avant, il y a des années, il y avait la pharmacie des frères Pogrobinsky. Un jour, j'avais six ans, mon oncle Ossia, le frère de ma mère, m'a oublié ici et il est revenu me chercher au bout d'une heure. Il a traité la pharmacienne d'irresponsable et moi de *ti paskoundiak*, "espèce de petit morveux, ne t'avise pas de recommencer", en me menaçant du poing et d'une gifle. Mais en attendant le retour du tonton dans ces odeurs qui me tournaient la tête, Mme Pogrobinskaya m'entraîna dans une arrière-boutique sombre où, ouvrant diverses portes, elle me montra toutes sortes de drogues et poisons en m'expliquant à mi-voix leur mode d'emploi. Depuis, je suis accro aux potions et fasciné par les caves, les remises et autres repaires secrets (entre-temps, l'auteur lui a lâché le coude et posé la main sur l'épaule. Elle frémit, perplexe, et, ne sachant que faire ou dire, elle se retient).

« Dites-moi, je vous ennuie ?

— Non, quelle idée, bien sûr que non ! s'alarme Rochale Reznik, au contraire, c'est une expérience tellement extraordinaire pour moi, serait-ce l'ébauche d'un nouveau roman ? L'avez-vous commencé ? Pas encore ? Vous n'êtes pas obligé de me répondre, bien entendu. Pardonnez mon indiscrétion. C'est la question à ne pas poser à un écrivain (elle s'écarte quand il resserre son étreinte et lui presse l'épaule). Je ne crois pas au hasard, poursuit-elle avec circonspection, comme si elle marchait dans l'herbe, pieds nus, la nuit. Ces derniers temps, par exemple, j'ai l'impression que tout ce qui arrive, absolument tout, sans exception… je ne sais pas comment expliquer. Ne vous semble-t-il pas à vous aussi que rien n'est fortuit, non ?

*Un bourgeon, une feuille morte, la mort et*
*la vie*
*Le fruit du hasard, non, un principe établi,*

récite l'auteur ces vers de Tsefania Beit-Ha'lachmi qui lui reviennent brusquement à la mémoire.

— Je l'ai rencontré à plusieurs reprises, au cours de réunions familiales, déclare Rochale Reznik. Il avait un visage rond et rose, on aurait dit un pudding à la vanille, vous voyez, un sourire permanent aux lèvres qu'il avait très rouges, comme une cerise sur le gâteau, et des mains incroyablement douces et molles, il empestait le parfum et il avait la fâcheuse habitude de pincer les joues aux enfants d'une manière très déplaisante.

— Qui donc ?

— Beit-Ha'lachmi. Le poète. Ce n'était pas son vrai nom, en réalité, il s'appelait Avraham Schuldenfrei. Bumek. Oncle Bumek. Quelque chose comme ça. Un jour, ma mère a remplacé la comédienne souffrante qui devait lire ses poèmes lors d'une soirée — elle avait la maladie de Lyme, je crois. J'y assistais et même si je n'étais plus une gamine, je faisais mon service militaire à l'époque, il m'a peloté la joue toutes les cinq minutes, et même ailleurs, je me souviens. C'était un parent éloigné, mais je ne sais pas exactement à quel degré. Ce n'était pas mon vrai oncle, en fait, peut-être celui d'une belle-sœur. Ou le cousin de la mère d'une de mes belles-sœurs. Quelque chose dans le genre. Depuis toute petite, à chaque fête de famille, on me disait : “Regarde, tu vois le monsieur qui serre les mains en souriant tout le temps, on dirait un gros bébé joufflu, c’est l’oncle Bumek, le célèbre poète Tsefania Beit-Ha’lachmi.” »

Et à une question de l’auteur :

« Je ne sais pas. Je n’en suis pas sûre. Il y a très longtemps que nous n’avons pas eu de ses nouvelles. Il est peut-être encore vivant. Mais je me trompe sûrement, parce que, si c’était le cas, il aurait au moins cent ans. »

*

Le romancier, qui l’observe à la dérobée, remarque qu’elle a les dents de devant protubérantes et légèrement écartées : on dirait un écureuil dévoré de curiosité, le pelage agité de frissons craintifs, prêt à détaler d’une minute à l’autre pour aller retrouver son chat jaloux, là-haut, sur la terrasse.

Alors doucement, presque subrepticement, il lui passe un bras autour de la taille, comme si elle risquait de trébucher dans un escalier imaginaire.

« Venez, Rachel, n’ayez pas peur ! On va se faufiler dans la cour. Peut-être que le local existe toujours et qu’on pourra jeter un coup d’œil par une fenêtre ou une lucarne. Allons-y, on va en avoir le cœur net. »

Elle se dégage gauchement, puis, comme si elle se ravisait, lui dit :

« D’accord, je vous suis. Montrez-moi. »

Mais l'endroit, à peine éclairé par la lumière filtrant des cuisines, est jonché de débris de meubles, une poussette déglinguée, des cartons, des ordures, des stores cassés et tordus. Ça sent le graillon et il y règne toute une cacophonie, entre les borborygmes des chasses d'eau, les éclats de rire et les clameurs discordantes des télévisions, les sifflements des climatiseurs et la cavalcade d'un chat effrayé, détalant dans la nuit.

L'auteur énonce des banalités sur la fuite turbide du temps et les labyrinthes de la mémoire, et tout en discourant, l'air de rien, il lui caresse les cheveux jusqu'à sa natte et l'attire doucement contre lui par les épaules. Mais son nouveau roman recouvert de papier kraft attaché avec deux élastiques, tel un bouclier moyenâgeux, fait un rempart entre sa poitrine plate à elle et la sienne à lui. Alors, d'une voix de petite fille effarouchée pareille au pépiement d'un oisillon, très différente du timbre chaud de la lectrice :

« Mais j'ai un peu peur ! »

Il la lâche aussitôt, se rappelant qu'elle n'est plus toute jeune ni attirante. Qu'est-ce qui lui prend ? Il marmonne des excuses, allume une autre cigarette et la ramène chez elle, en face du centre communautaire. En chemin, pour se faire pardonner ce qui n'est pas réellement arrivé, il lui raconte des histoires drôles. Celle, par exemple, de la femme qui avait sonné un jour à sa porte : de petite taille, large d'épaules, portant de grosses lunettes et vêtue d'un ensemble pantalon moulant à rayures vertes et blanches, elle serrait énergiquement le bras d'un gamin d'environ neuf ans qui cherchait à s'arracher de toutes ses forces de l'étreinte maternelle.

« Excusez-nous de vous déranger, monsieur. Nous ne nous connaissons pas, c'est-à-dire que vous oui, tout le monde vous connaît, mais pas nous, arrête, Saguivi, et dis bonjour au célèbre écrivain. Nous ne vous importunerons pas plus d'une minute, je suis diététicienne et, il y a plusieurs années, j'ai eu la chance de rencontrer chez l'épicier l'illustre Mme Léa Goldberg avec qui j'ai échangé quelques mots, mais Saguiv, lui, n'a jamais vu un auteur vivant. C'est très important pour lui, parce qu'il sera un écrivain ou un poète très très connu quand il sera grand. Saguivi ? Allons ! Récite à notre écrivain quelque chose de joli et d'original. Non ? Qu'est-ce qui t'arrive ? Tu t'es bien préparé à la maison ? Nous l'avons même appris par cœur, toi et moi ! Tu ne dois pas avoir honte devant monsieur l'écrivain. Il ne faut pas. Les romanciers ont l'habitude de sonder les âmes. N'est-ce pas ? Mais pardon, nous ne voulons pas vous ennuyer, nous partons tout de suite, mais avant, si vous le voulez bien, nous allons vous laisser cette enveloppe et nous attendrons patiemment votre réponse. Écrivez-nous, s'il vous plaît, pour nous dire ce que vous pensez vraiment du travail de Saguivi. Ce qu'il faut corriger. Le fond, peut-être ? L'orthographe ? Le style ? Devrait-il aborder des sujets plus pratiques ? Et, s'il vous plaît, comment réussirons-nous à le publier ? Alors, Saguivi, tu vas te décider à ouvrir la bouche, oui ? Quel imbécile, ce gosse ! Pardon, monsieur, auriez-vous l'obligeance de nous écrire une lettre de recommandation ? Ou d'introduction ? S'il vous plaît, avec votre appui, tout le monde acceptera de nous publier ! »

*

Et l'auteur reparlera à Rochale Reznik de son oncle Ossia, un excentrique, celui qui l'avait oublié à la pharmacie des frères Pogrobinsky quand il était petit. Un jour, par exemple, au beau milieu de la salle des fêtes, le tonton avait donné une gifle magistrale à un député communiste, Shmuel Mikunis, ce qui n'avait pas empêché ces deux-là de devenir les meilleurs amis du monde, et ils s'étaient même occupés l'un de l'autre quand, la même année, le même mois, ils avaient contracté la même maladie et s'étaient retrouvés hospitalisés dans la même chambre, à Ichilov.

Par association d'idées, il pense à Ovadia Hazam, à l'article de la mort, lui qui a vécu comme un roi, comme un lord même, un cavaleur de première qui a fait fortune et divorcé, s'exhibait en ville dans sa Buick bleue avec des Russes blondes, tapait sur l'épaule de tout le monde, une bourrade par-ci, une bourrade par-là, rotait comme un porc, étreignait et embrassait avec effusion de parfaits inconnus, hommes et femmes itou, et éclatait d'un rire à faire trembler les vitres, et le voilà maintenant en médecine interne à Ichilov, son cathéter s'est détaché et l'infirmière de nuit est trop loin pour l'entendre gémir, de sorte qu'il baigne dans une mare d'urine sanguinolente, un liquide chaud, âcre et trouble, qui refroidit, gagne les cuisses, le ventre, l'aine, le dos, lui collant les fesses au drap humide.

*

En arrivant devant son immeuble, l'auteur prend cordialement congé de Rochale Reznik. Il la remercie d'avoir bien voulu se promener en sa compagnie, réitère ses félicitations pour sa lecture et lui propose de monter avec elle. Elle rougit à la faveur de l'obscurité. Ce n'est pas la peine, bafouille-t-elle, Joselito l'attend, et puis elle a l'habitude de rentrer seule le soir, c'est-à-dire…

L'auteur insiste, décrétant avec autorité que justement dans les escaliers des vieux immeubles de Tel-Aviv, la nuit, il est arrivé dernièrement que, etc. Il est plus prudent qu'il l'accompagne à sa porte pour la remettre saine et sauve entre les mains de Joselito, sans parler des clés qui se perdent ou se brisent dans la serrure.

Rochale Reznik en bégaie de confusion. Ce n'est vraiment pas la peine, merci en tout cas, mais c'est réellement inutile, la lumière s'allume juste là, à l'entrée du palier, et d'ici deux minutes elle sera à la maison, Joselito doit l'attendre derrière la porte et il va la tuer de rentrer si tard, et puis, elle est désolée, mais par hasard ce soir, son appartement manque de confort parce qu'elle a donné les rideaux à nettoyer et ne les a pas encore récupérés, et comme elle n'a pas de volets, les voisins peuvent, en fait…

La panique s'ajoute à la honte : les rideaux ? Ils sont bien là, pas du tout au pressing. Qu'est-ce qui lui prend de dire que ce n'est pas très confortable chez elle, ce soir ? Et de préciser en plus que les voisins peuvent tout voir ? Qu'est-il censé comprendre ? Elle est tombée sur la tête ou quoi ? Que va-t-il penser qu'elle pense ? Il ne s'est jamais invité à entrer, il a simplement offert de la raccompagner et, au maximum, d'attendre qu'elle ouvre pour s'assurer qu'elle n'a pas perdu la clé, ou que celle-ci ne se brise pas ou ne se coince pas dans la serrure. Quelle idée de mentir pour lui interdire d'entrer ! Alors que cette éventualité n'a même pas dû l'effleurer. Et cette histoire de volets et de voisins… Ne risque-t-il pas d'en déduire que, si elle avait eu des rideaux et des volets…

Et s'il avait réellement l'intention de lui faire comprendre avec tact qu'il voulait être invité à entrer pour discuter encore un peu, boire quelque chose ? Dans ce cas, il verrait immédiatement que les rideaux sont bien à leur place et absolument pas au nettoyage ? Et alors il comprendrait tout de suite qu'elle ment comme elle respire. Et elle ne saurait plus où se mettre.

*

Impossible de savoir si elle tient ou pas à ce que l'auteur, ce personnage connu, un peu trop gentil, courtois, voire paternaliste, à un point que c'en est pénible, monte avec elle. Il a une idée derrière la tête, mais laquelle exactement ? Désire-t-elle ou redoute-t-elle sa présence ? Maintenant ? En sortant, a-t-elle ou non oublié son soutien-gorge noir sur le dossier de la chaise ? Et si oui, de quel côté ? Pourvu qu'on ne puisse pas voir les baleines !

La minuterie s'éteint. L'auteur rallume.

« Je préfère vous raccompagner quand même ! Par mesure de sécurité ! »

Mais maintenant qu'elle lui a raconté des craques au sujet des rideaux, c'est fichu. Elle est dans une impasse. Et elle s'y est mise toute seule. Il est hors de question qu'il constate que ses rideaux n'ont pas bougé des fenêtres. Elle en mourrait de honte.

« Non, merci, c'est inutile…, finit-elle par articuler d'une voix de petite fille qu'on vient de gronder. Puisque vous y tenez… Il faut que je vous dise que Joselito, euh… il n'a pas vraiment l'habitude de… »

En s'écoutant parler, elle s'interrompt, découragée.

L'auteur remarque son air de bête traquée, de petit rongeur affolé, un écureuil acculé contre le mur qui paraît sur le point de se mordre de désespoir.

« Écoutez, ça ne fait rien, si cela vous pose le moindre problème… », se ravise-t-il en souriant.

Du coup, l'écureuil, pétrifié, médusé de terreur ne sait plus quoi dire. De deux maux, comment choisir le moindre : accepter la première proposition et le laisser la raccompagner à sa porte, ou le remercier d'avoir la gentillesse d'y renoncer ? Ou encore l'inviter à entrer, même s'il n'en a pas la moindre envie et ne lui a offert de monter que par politesse ou parce qu'il s'inquiète sincèrement pour elle ? Ne rien faire ? Même si c'est apparemment la solution qui s'impose, au risque de le vexer ? Dans ce cas, dans quel trou se cacher pour échapper à la honte d'avoir menti ? Et le soutien-gorge sur le dossier de la chaise ? Sans parler de Joselito qui commence à perdre ses poils à l'approche de l'été — il y en a partout. Et si jamais l'auteur a besoin d'aller à la salle de bains ? Elle a oublié sur la tablette du lavabo le rasoir avec lequel elle vient de s'épiler les jambes.

Les yeux baissés sur le trottoir ou le bout de ses chaussures, le livre serré contre sa poitrine, elle ne sait quel parti adopter.

L'auteur, évidemment, perçoit son trouble.

« On va faire un petit tour, vous voulez ? suggère-t-il en lui frôlant l'épaule. Au bout de la rue ? Ou jusqu'à la place ? Mais si vous préférez rentrer chez vous tout de suite, sans garde du corps, alors je resterai là, à l'entrée de l'immeuble, jusqu'à ce que j'entende votre porte se refermer. Comme cela, je saurai que vous avez retrouvé votre Joselito sans rencontrer quelque méchant dragon en chemin.

— Désolée, répond-elle avec une grimace proche des larmes. Je ne sais pas ce qui m'arrive. Je suis toute tourneboulée, ce soir.

— Mais si ravissante ! » murmure l'auteur en souriant dans le noir.

*

Neuf ou dix ans auparavant, quelqu'un, un garçon pas vraiment sympathique, lui avait tenu à peu près le même discours. Comme c'était un beau parleur, elle ne l'avait pas cru. Et voilà que cet homme, subitement...

Elle pique un fard, ses genoux se dérobent sous elle, et si elle ne se retient pas à lui, pense-t-elle, elle va tomber.

Les phalanges exsangues, elle serre le livre recouvert de papier kraft attaché par deux élastiques contre son ventre. Telle une ceinture de chasteté. Alors elle s'arme de courage et s'apprête à lui demander de monter. Au fond, pourquoi pas, le soutien-gorge ou les poils du chat, on s'en moque, des chambres de filles, il a dû en voir des milliers, elle préparera du thé ou du café, elle a aussi du maté d'Argentine. Serait-il fatigué ? Aurait-il par hasard un rendez-vous urgent ?

Mais ses lèvres n'en finissent pas de trembler dans l'obscurité. Presque en bégayant, elle se résout à lui avouer qu'elle collectionne les boîtes d'allumettes des hôtels de tous les pays : elle en a dans les deux cents, cent quatre-vingts, peut-être, mais en quoi cela peut-il intéresser un homme comme lui ?

L'auteur rallume une cigarette, appuie sur le bouton de la minuterie et prend le temps de la réflexion. Il se rappelle soudainement la troublante asymétrie que laissait suggérer sous sa jupe le slip de Riki, la serveuse, plus tôt dans la soirée : la hanche gauche plus haute que la droite. Comme une œillade par en dessous promettant monts et merveilles.

Il pèse le pour et le contre : vaut-il vraiment la peine de monter à l'appartement en terrasse de Rochale Reznik ? Au fond, pourquoi pas ? Sa timidité lui plaît, de même que la craintive admiration qu'elle lui voue — son appréhension lui est aussi douce qu'un poussin tiède, frissonnant au creux de la main. Et alors ? Elle ne va pas te manger, non ? D'un autre côté, avec son air hébété et soumis, elle ne l'attire pas franchement. De toute façon, ça finira mal parce qu'elle est terrorisée et qu'il ne la désire pas vraiment. Il va falloir la rassurer, la tranquilliser, tel un médecin de famille devant une enfant réfractaire à une piqûre. Il devra se montrer paternel et circonspect, à tel point que le vague désir qu'il tente d'attiser à l'aide de la petite culotte de Riki finira par s'éteindre. Quoi qu'il en soit, il va devoir simuler. Jouer la comédie, dans un sens ou dans un autre. Ou inventer un prétexte. Flatter son chat et s'extasier sur sa fourrure. Mais il a en assez de feindre, ce soir. Et quoi qu'il fasse, il la fera souffrir. Ou pis, elle se mettra à tirer des plans sur la comète. Ce qui est évidemment hors de question.

D'autant qu'elle n'a pas de rideaux ni de volets à sa fenêtre. Allez savoir qui sont ses voisins ! Or il n'est pas n'importe qui…

Et tandis que l'auteur tergiverse, le « pourquoi oui » se substitue au « pourquoi non ». Qu'est-ce qui te prend ? À quoi bon ? À cause de ce vers de mirliton ?

*Point d'époux sans mariée,*
*ni de pour sans parlers.*

Il songe que Tchekhov a balisé la route pour les prochaines générations : comment approcher une inconnue en faisant la cour à son petit chien. Mais même l'illustre écrivain ne nous a pas donné le mode d'emploi sur la marche à suivre après avoir lié connaissance et entamé la conversation. Comment, par exemple, faut-il s'y prendre avec une fille dont le chat jaloux, une boule ronronnante pelotonnée dans son giron, est prêt à en découdre avec quiconque tenterait de lui voler la place ?

*

L'auteur va donc prendre congé non sans froideur. Il lui téléphonera, c'est sûr, il l'appellera très bientôt, promis. Puis, sous le réverbère, il caressera brièvement le bas de sa natte en s'efforçant de la regarder en face, mais elle se dérobe, les yeux obstinément baissés sur le bout de ses chaussures ou le trottoir lézardé. Rochale Reznik, l'écureuil aux abois dont le visage menu exprime la panique, a l'air prête à mordre, sans doute à cause de ses incisives proéminentes. Elle lui tend vivement sa petite main froide, sans lâcher le livre à la couverture en papier kraft retenue par deux élastiques qu'elle presse contre sa poitrine. Et en la retirant d'un geste presque imperceptible, avec la délicatesse d'un oiseau, elle lui souhaite une bonne nuit et le remercie pour tout avec un sourire triste.

« Je voudrais ajouter quelque chose, mais je ne sais comment le formuler : voilà, je voulais vous dire que je n'oublierai jamais cette soirée. Je n'oublierai pas non plus la pharmacie et le préparatoire aux poisons, ni votre oncle et le député qu'il avait frappé un jour, tombés malades simultanément. »

*

L'auteur vadrouille dans les rues pendant une heure, une heure et demie. En quittant l'avenue illuminée, ses pas le mènent vers de petites rues, des venelles inconnues aux volets clos où quelques réverbères anémiques, comme assoupis, dispensent çà et là une lueur glauque. En marchant, il allume deux autres cigarettes et fait les comptes : c'est la septième ou huitième depuis le début de la soirée.

Deux couples enlacés le dépassent : ils vont au lit en rentrant du spectacle. Arrivée en bas de la rue, l'une des filles glapit d'horreur comme si on venait de lui faire une proposition obscène. L'auteur s'efforce d'en imaginer les détails, il les tourne et les retourne dans son esprit pour se donner un coup de fouet, mais la geôle où suffoquent Arnold Bartok et sa mère Ophélia, couchés dans leur lit trempé de sueur en cette nuit d'été caniculaire, inhibe sa libido. La femme âgée et son vieux fils marinent dans leur jus sur le même matelas défoncé : un corps sec comme une trique et couvert de varices s'efforce de soulever une montagne de chair molle et lutte pour retirer le pot de chambre de dessous la masse flasque de sa mère. Une lutte confuse s'engage dans le noir : il grogne, elle geint, tandis que le vrombissement d'un moustique troue l'obscurité, telle une minuscule perceuse, là-bas ou ici, ici et là-bas.

L'oncle Ossia, l'accordeur de pianos anarchiste, vivait seul dans une piaule, à l'entresol d'un vieil immeuble, rue Brenner. Passant le plus clair du temps au chômage, il s'improvisait déménageur, peintre en bâtiment, charpentier métallurgiste. À l'âge de trente ans, on surnommait déjà cet albinos grassouillet *Oska-nu-kak ?*, c'est-à-dire : Oska, comment va ? Pour se moquer de lui, on racontait que, à l'insu des autorités britanniques et du parti, il dissimulait dans son antre la belle nièce du dirigeant soviétique en exil, Lev Trotski.

L'auteur savait, depuis tout petit, que c'était une plaisanterie, qu'il n'y avait pas de beauté séquestrée dans la tanière de son hurluberlu d'oncle, mais aujourd'hui, il regrette de ne s'être jamais aventuré à regarder derrière la toile cirée couverte de moisissures, un rideau verdâtre tendu d'un mur à l'autre camouflant l'entrée du repaire.

Quel couard il fait : pourquoi ne s'est-il pas invité chez Rochale Reznik ? Sous sa pâleur et sa timidité doit se cacher une nature passionnée, un mélange d'innocence enfantine, de désir inassouvi, de soumission dévouée, muette, éperdue d'admiration et de reconnaissance. Dire que c'était à sa portée ! Ça palpitait dans le creux de sa main et il a raté l'occasion. L'imbécile.

*

Quant au poète Tsefania Beit-Ha'lachmi, Bumek Schuldenfrei, l'auteur suppute qu'il doit depuis longtemps avoir passé l'arme à gauche. Il y a plusieurs années, Beit-Ha'lachmi tenait une chronique en vers en dernière page du supplément du *Davar* : une rubrique dans un cadre orné de fioritures et d'un masque comique, ou grotesque, aux quatre coins. Les poèmes de *Vie et mort en quatre rimes* de Tsefania Beit-Ha'lachmi, se souvient l'auteur, n'étaient ni satiriques ni incisifs, mais traitaient avec bonhomie et une certaine hauteur de l'intégration des nouveaux immigrants, des camps de transit, des mesures de restrictions, de la conquête du désert, de l'assèchement des marécages du Houla, de la pénurie de logements, des incidents frontaliers et des incursions ennemies, de la corruption et de la bureaucratie qui assombrissaient l'existence du nouvel État. Pour lui, les sabras robustes et hâlés n'étaient durs qu'en apparence. Mais à l'intérieur, pensait-il, c'était une génération dévouée, morale, humaine et extrêmement sensible.

Au cours des siècles, les ennemis d'Israël — les Ukrainiens, les Polonais, les Allemands, les Arabes, les Anglais, les curés, les effendis, les Bolcheviks, les nazis, toutes les foules antisémites de l'univers apparaissaient dans *Vie et mort en quatre rimes* comme des scélérats sans cœur dont l'existence n'était que malveillance, haine sale et pure malignité. Quant aux méchants du cru, les organisations dissidentes, les communistes, les détracteurs de la Histadrout et les adversaires du *yichouv*, il les représentait comme des êtres bornés et mesquins à l'esprit mal tourné. Il abhorrait notamment la bohème singeant les manières de Paris ou d'Hollywood, et il n'avait que dégoût pour les intellectuels cyniques et détachés des réalités qui chicanaient et tournaient tout en dérision, avec leurs beaux discours fumeux sur l'art moderne qui n'est que de la poudre aux yeux.

Les Yéménites, les animaux, les agriculteurs et les jeunes enfants avaient droit à des vers souriants, empreints de tendresse paternelle. Il les portait aux nues, tout en eux n'était que candeur, pureté et simplicité. Parfois, les bouts rimés de Tsefania Beit-Ha'lachmi délaissaient le politique et l'idéologie pour se teinter d'une mystérieuse tristesse, très éloignée de la conscience de classe ou de la flamme patriotique.

*Un sage sans tête*
*Un sot au grand cœur,*
*La joie peut finir dans les larmes*
*Mais comment percer l'énigme ?*

Il composait quelquefois des vers sur les défunts oubliés dont la mémoire ne survivait que dans le souvenir éphémère de leurs enfants ou petits-enfants, car à la mort du dernier survivant, ils mourraient derechef, pour la dernière fois, comme s'ils n'avaient jamais existé.

*

Un jour, se remémore l'auteur, Beit-Ha'lachmi avait publié un article en vers intitulé *L'élimination du levain* où il abordait la lente usure des choses : les objets, les amours, les vêtements, les idéaux, les maisons, les sentiments, tout se fripe, part en lambeaux et finit en poussière.

Le poète affectionnait particulièrement le mot « solitude » que, à une ou deux reprises, il remplaça par « esseulé », plus rare.

Jadis, dans les années trente ou quarante, voire au début des années cinquante, Beit-Ha'lachmi se produisait souvent le vendredi soir devant ses admirateurs dans des centres culturels, des maisons de convalescence mutualistes, des réunions syndicales, les congrès du mouvement prônant l'instruction pour tous : il lisait ses poèmes, accompagné par une pianiste d'âge mûr ou une chanteuse russe survoltée à la voix profonde de contralto et au décolleté généreux, mais correct. Après sa prestation et les pauses musicales, il avait coutume de rencontrer le public pour bavarder à bâtons rompus, pincer les joues des enfants et des jeunes femmes, signer ses recueils et se griser de sa célébrité — il faut dire qu'à l'époque la moitié de l'auditoire connaissait son répertoire par cœur.

Et par la suite ? Il est fort possible que son épouse soit morte un beau matin, électrocutée par son fer à repasser. Au bout d'un an et demi, le poète se remaria avec son accompagnatrice, la chanteuse à la forte poitrine. Qui le quitta deux semaines plus tard pour s'enfuir en Amérique avec le beau-frère de sa sœur, un parfumeur à la belle voix de ténor.

Et s'il était encore en vie, le poète Tsefania Beit-Ha'lachmi ? Oublié de tous, il végète quelque part, disons, dans une maison de retraite privée, au cœur d'un petit village ouvrier perdu au fin fond de la vallée de Hefer ? Ou dans un établissement médicalisé, abandonné de Dieu, à l'autre bout de Yoqneam ? Il mâchouille une tranche de pain de mie de sa bouche édentée, assis pendant des heures sur la terrasse de la résidence dans un fauteuil marron, muni d'un repose-pied rembourré. Il a toute sa tête, mais voilà des années qu'il a perdu le goût d'écrire des vers pour les publier dans un journal. Aujourd'hui, il se contente de boire son thé dans le jardin silencieux ou de contempler les nuages dans le ciel. Il aime particulièrement observer le changement des saisons et humer l'odeur d'herbe fraîchement coupée de la pelouse, une fois par semaine.

*Ici, tout est calme, vide et vert.*
*Un unique corbeau, sur un poteau figé.*
*Poussant presque de front, deux cyprès.*
*Et un autre en retrait.*

À longueur de journée dans son fauteuil, sur la véranda, il se plonge dans le livre d'une jeune romancière issue d'une famille juive orthodoxe, révoltée contre la religion, ou les mémoires du fondateur d'une association caritative. Sa vue est excellente et il n'a pas besoin de lunettes. Soudain, au détour d'une phrase, il tombe sur son nom et une citation. Le vieux poète est aux anges, comme un enfant, et relit en remuant les lèvres ces vers vieux de dizaines d'années. Il s'en souvenait à peine et croyait, sans amertume, qu'ils étaient tombés dans l'oubli, et voilà que, en les retrouvant sous la plume de cette jeune femme, il ne les juge pas mauvais du tout.

Il a des yeux bleu très clair, ronds et innocents : on dirait deux lacs au pied des sommets enneigés de ses sourcils blancs. Lui, jadis plutôt corpulent, est aujourd'hui chétif et malingre comme un petit garçon, le corps imberbe, emmitouflé dans une robe de chambre de flanelle blanche, marquée du logo de la maison de retraite et de la devise : « Jeunes d'esprit ! » Une bulle de salive se forme au coin gauche de sa bouche. Nadia, l'infirmière dévouée, lui apporte toutes les deux ou trois heures une tasse de thé au citron avec un sucre et une tranche de pain de mie. Il reste là à longueur de temps, sans bouger, à aspirer les odeurs de la campagne avec un léger râle en mâchonnant son pain, assoupi ou éveillé, le livre de la jeune romancière renégate posé à l'envers sur ses genoux. En pensant à elle, il se demande si la mort est si éloignée de la vie. Différente au point d'en être méconnaissable. À moins qu'il n'y ait quelque ressemblance, même infime, entre avant et après la mort, puisque toutes les époques et les situations du monde se ressemblent un petit peu. Voilà sans doute comment le poète passe ses journées : son regard bleu rêveur fixé sur la cime des arbres, agitée par le vent, et la course des nuages.

Mais d'après un simple calcul, il est impossible que le poète soit encore de ce monde : *Vie et mort en quatre rimes,* sa chronique hebdomadaire, a cessé de paraître depuis des années. Le magazine *Davar* périclite. La Histadrout a perdu de son influence. Les sections culturelles des comités d'entreprises, soucieuses de leur vocation éducative auprès de la population, ont cédé le pas à des bureaux d'embauche roublards et des marchands d'esclaves important des pays pauvres des servantes et des forçats du travail.

Il y a belle lurette que le poète est mort, emporté par une hémorragie cérébrale. On l'a enterré à la hâte sous des rafales de vent et de pluie, en présence d'une poignée de vieux camarades engoncés dans leurs manteaux, s'abritant tant bien que mal sous leurs pépins noirs. Il repose non loin d'ici, dans le carré des écrivains et des intellectuels militants, entouré des poètes de sa génération, ses amis et ses ennemis — Bertini, Broides, Hanania Reichmann, Dov Homsky, Kamzon, Lichtenbaum, Meitos, Hanan Shadmi, Achai et Ouchmani.

*L'amour, la jalousie s'en sont allés,*
*Les pages sont en poussière tombées,*
*Le figuier et le grenadier écarlate du*
*jardin étiolés*
*Ne loueront point Yahvé.*

*

« Allô ? Excusez-moi, je suis bien chez Lucie ? Lucie ? C'est Riki. Je suis sûre que tu ne te souviens pas de moi. Je vais t'éclairer tout de suite. Une minute. Tu as toujours une jolie voix, tu sais, on dirait du vin rouge. Riki ? Tu me remets ? La Riki de Charlie. Celle qui a eu un flirt avec Charlie. Tu vois ? Ça fait dans les quinze ans. La Riki qui bossait au salon "Tout pour la mariée" d'Isabella et Carmen, en bas d'Allenby ? C'est moi.

À l'époque, on était rivales, pour ainsi dire. Tu te rappelles ? Si tu veux le savoir, je crois que, déjà, je t'aimais plus que lui. Peut-être que je sortais avec lui pour sentir un peu ton odeur sur lui, je me demande. Non, attends, Lucie, ne raccroche pas, ce n'est pas ce que tu crois, je t'assure, je suis tout à fait normale, crois-moi, attends, écoute-moi, s'il te plaît. Comment j'ai obtenu tes coordonnées alors que tu n'as pas le même nom de famille ? Laisse tomber. Je les ai eues, c'est tout. C'est le nom de ton mari ? Non ? Bon, on s'en fiche. Mon histoire avec Charlie, tu sais, ça a duré une semaine, huit jours maxi. Un truc comme ça. Et encore. Après, il est parti te retrouver. Au triple galop, même. En fait, tout a commencé à cause de toi, parce que tu l'avais plaqué et, surtout, parce que j'étais dingue de toi, mais je n'osais pas te le dire. Bon, venons-en au fait. Voilà. La raison pour laquelle je t'appelle, c'est parce que je me disais que toi et moi, rien que nous deux, on pourrait peut-être se voir quelque part pour parler un peu d'avant ? Et aussi d'autres choses ? Où ? Ça m'est égal ? C'est toi qui décides, mais c'est moi qui t'invite. Dis-moi, Lucie, tu es mariée ? Tu as un copain ? Des enfants ? Ce n'est pas un interrogatoire, qu'est-ce que tu racontes ? Bien sûr que non. Ça ne va pas ? Non, je ne suis pas cinglée et je ne suis pas tombée sur la tête, non plus. C'est juste que ça fait un bout de temps que je pense à toi : je me rappelle ton cou, ta voix, ton bon cœur, tes yeux et aussi que tu avais oublié d'être bête. Tu étais mille fois plus futée que moi. C'est un peu comme si toi et moi nous étions du même côté de la barrière, et Charlie, lui… bref, ce type, tu sais, je l'ai complètement oublié. Il n'y a rien à en dire. Je n'ai plus rien à faire avec lui. Il n'y a que toi qui m'intéresses, Lucie. Je t'ai toujours dans la peau, même après toutes ces années. Écoute, Lucie, ne va pas t'imaginer que je n'ai rien d'autre à faire que de décrocher mon téléphone pour appeler quelqu'un que j'ai perdu de vue depuis un bail, ne te fiche pas de moi, hein ? Ce n'est pas du tout ça. Imagine que toi et moi, on est pareilles. Ça veut dire quoi ? Charlie ne t'a pas balancée comme il l'a fait avec moi. Il m'a utilisée, et puis il m'a froissée et il m'a jetée à la poubelle comme un vieux kleenex. Bon, on ne va pas en parler au téléphone. Crois-moi sur parole, même si tu penses que je suis un peu barge. Attends, Lucie, ne me raccroche pas au nez, s'il te plaît. Écoute-moi. Voilà, moi, je n'ai personne, ni copain, ni copine, si jamais tu te posais la question. Absolument personne. À part toi, bien sûr. Sache que je pense très souvent à toi, et que, la nuit, je rêve même qu'on est ensemble, toi et moi. Genre comme si on était maquées. Liées. Non, c'est pas ce que tu crois, comme deux sœurs, plutôt. Tu te figures que je suis un peu fêlée, je sais. Complètement ouf, même. Non ? Pourquoi ? Ça ne t'arrive jamais de penser que nous deux, toi et moi, à une semaine d'intervalle, l'une après l'autre, dans le même hôtel, la même chambre, le même grand lit king-size, on a baisé avec lui toute la nuit et même au milieu de la journée ? Dans les mêmes positions ? D'abord c'était toi, la semaine d'après, c'était moi, et la semaine suivante, encore toi. Il m'a même appelée Lucie dans le noir, et en plein jour, dans un bar à sushis, et moi, j'étais au septième ciel chaque fois. Et toi, il t'appelait Riki aussi ? Non ? Est-ce qu'il te disait à toi aussi : "Viens, bébé, grimpe-moi dessus et fais-le le plus lentement possible" ? Ou alors : "Viens, poupée, tu veux que je t'attache" ? Ou bien : "Laisse-moi te regarder faire pipi debout" ? Non ? Alors, quand il m'a jetée pour aller te retrouver et que vous êtes retournés à l'hôtel, dans la même chambre, à Eilat, ne me dis pas que tu n'as jamais pensé à moi, non ? Au moins quelquefois ? Ça ne t'a pas effleurée que Riki lui avait fait exactement la même chose ? Ça, ça et encore ça ? Tu n'as jamais envisagé qu'il m'avait emmenée au Las Vegas, qu'il m'avait donné la becquée à la cuillère et qu'il s'était amusé à me chatouiller sous ma jupe avec les cure-dents des olives ? Tu n'as jamais pensé depuis que, toi et moi, on était pareilles, comme des jumelles ? Ça te dirait qu'on aille ensemble à Eilat un jour, dans le même hôtel ? On prendrait la même chambre ? Lucie, ne raccroche pas, je ne suis pas anormale, pas du tout, crois-moi. Attends ! Lucie ? Lucie ? »

*

En passant dans une rue qu'il ne connaît pas, l'auteur bute dans l'obscurité contre un fil de fer tendu par des enfants en travers du trottoir, entre un panneau de stationnement interdit et une clôture en treillis. L'obstacle frappe en pleine poitrine l'écrivain qui marchait d'un bon pas. Il lâche un cri de colère, mêlée de surprise et de souffrance, d'humiliation surtout : comme s'il avait reçu une gifle dans l'obscurité. Il s'y attendait, il la méritait et, d'ailleurs, il se sent mieux.

En fait, on aurait pu embaucher Arnold Bartok, le type anguleux à lunettes viré depuis quelques jours du centre de tri des colis postaux d'une messagerie privée où il était employé à mi-temps, dans le cabinet d'experts-comptables où travaille l'auteur : un emploi subalterne, peut-être à l'expédition ou à la maintenance. Il aurait touché un modeste salaire, et au fil du temps, qui sait, Arnold Bartok aurait déployé d'autres compétences, en comptabilité, ou en gestion des archives. L'auteur s'occupe justement des déclarations fiscales de quatre ou cinq sociétés d'export, de moyenne et de grande importance, notamment le calcul de la collecte de la TVA. Arnold Bartok se révélera être un employé malléable, discret, s'efforçant de ne gêner personne. Mais chassez le naturel, il revient au galop, et il agacera tout le monde avec ses sarcasmes déguisés.

Comment Arnold Bartok passe-t-il le temps depuis sa mise à pied ? À quoi emploie-t-il les longues heures durant lesquelles sa vieille mère ronfle ou dévore des romans hongrois ?

Peut-être que, assis à l'ancienne table de repassage de son père, dans un coin de la laverie, il rédige un essai sur l'hypothèse de la vie éternelle. Il est possible, affirme-t-il, que la vie et la mort soient venues au monde ensemble, tel un couple dialectique dont les deux éléments sont intrinsèquement liés ; on ne peut donc parler de la vie sans la mort. Et réciproquement. La mort est apparue en même temps que la vie sur terre.

Mais Arnold Bartok démontre la fausseté de ce postulat : pendant des millions d'années, des trillions de créatures ont pullulé sur terre sans jamais expérimenter la mort. Les unicellulaires ne mouraient jamais, ils se divisaient à l'infini : chacun se scindant en deux, puis en quatre, en huit, etc. La mort n'existait pas. Ce n'est qu'à l'ère actuelle, à l'apparition d'un autre mode de reproduction par fécondation, que sont survenus le vieillissement et la mort.

Ce n'est donc pas le binôme vie plus mort qui est venu au monde, mais sexe et mort. Et étant donné que la mort est survenue infiniment plus tard que la vie, il faut espérer qu'elle disparaîtra avant elle. La vie éternelle pourrait donc logiquement s'envisager. Il ne nous reste plus qu'à trouver le moyen d'éliminer le sexe et, partant, d'éradiquer du monde la souffrance et la fatalité de la mort.

Arnold Bartok trace une ligne verticale au stylo noir sur une fiche. À droite, il inscrit les mots suivants : « Vie éternelle. Sans souffrances ni vexations. » À gauche, il note : « Sexe. Souffrances. Dégénérescence. Vieillissement. Mort. » Sous les deux colonnes : « Mais les chances sont infimes. » Dessous, il ajoute : « À quand remonte le temps ? De quoi a-t-il été précédé et qu'est-ce qui le suivra ? À quoi sert-il ? » Et en bas, dans la marge : « La situation actuelle est détestable. » Aurait-il été capable de s'occuper de sa mère si elle était encore en vie, comme le fait Arnold Bartok pour Ophélia, cette vieille despote invalide ? se demande l'auteur. Les rapports physiques entre la mère et le fils — la sueur, le pot de chambre, la flaccidité des fesses à l'air qu'il torche et emmaillote — fascinent l'auteur au point que son visage se convulse d'angoisse jusqu'à la nausée. Il se hâte de chasser ses idées noires de son esprit — l'infirme sénile d'Arnold Bartok, sa propre mère et la vie éternelle — pour revenir à la timide Rochale Reznik.

*

Après s'être assuré qu'il est bien seul, l'auteur va se soulager dans une sorte de corridor, entre deux haies. Au cours de l'opération, il se souvient d'Ovadia Hazam en train de mourir d'un cancer à Ichilov avec sa sonde urétrale, qu'on lui a replacée, évacuant goutte à goutte un liquide épais et trouble à l'intérieur d'une poche en plastique suspendue près de son lit, lequel sac est sur le point de déborder, mais l'infirmière de garde, absente depuis un quart d'heure pour aller se chercher un déca dans le département voisin, de l'autre côté des ascenseurs, n'est pas encore revenue à son poste, parce qu'elle est tombée par hasard sur le plus sexy des jeunes internes de l'hôpital. À présent, Ovadia Hazam qui, avec sa Buick bleue bourrée de blondes rieuses, claquait son argent en politique, en aumônes ou en futilités et, même s'il arborait une petite kippa sur la tête, ne dédaignait pas de passer ses week-ends au casino, en Turquie, en compagnie de deux ou trois divorcées russes, est si seul qu'il n'y a personne pour entendre ses plaintes. D'une voix fluette et geignarde, il a beau appeler l'infirmière, partie pour deux minutes et toujours pas revenue au bout de vingt, personne ne répond à la sonnette, excepté un grognement éraillé provenant du lit voisin : « *Yallah*, qu'est-ce qu'il y a, tu vas la fermer, ça suffit, on en a marre, elle va venir, boucle-la, on veut dormir, nous, arrête de pleurnicher ! »

*

Obnubilé par Ovadia Hazam agonisant en médecine interne à Ichilov, entre deux moribonds de vingt ans ses aînés, l'auteur referme sa braguette, contourne avec précaution le fil de fer sadique et, enfilant la ruelle qui débouche sur l'avenue, il rebrousse impatiemment chemin et s'en retourne au centre culturel Shunia Schor et les sept victimes de la carrière.

Il croit distinguer une ombre recroquevillée sur les marches : serait-ce Youval Dahan-Dotan, le jeune poète déprimé qui l'attend en frissonnant sans se décourager au milieu de la nuit ? Il va s'asseoir à côté de lui pour lire quelques-uns de ses poèmes à la lueur du réverbère, et ils parleront ensuite à cœur ouvert jusqu'au petit matin, un échange plein d'émotion, d'esprit, de créativité et de franchise entre un écrivain chevronné et son jeune collègue, ce novice aux prises avec les affres de la douleur et de l'humiliation au point de songer au suicide, incompris de tous à l'exception de l'auteur : ses souffrances, en effet, hantent l'œuvre de son célèbre aîné.

Mais moi qui sais lire entre les lignes, j'ai deviné la personnalité timide, triste et solitaire qui se cache derrière la gloire. Comme moi. Nos deux âmes sont jumelles et il est le seul capable de me témoigner de la sympathie et de m'aider. Qui, en effet, le pourrait, sinon lui ?

*

L'immeuble est plongé dans l'obscurité et la porte verrouillée. Les affiches annonçant la table ronde qui s'est achevée deux heures plus tôt sont toujours là. Le délégué à la culture, Yerouham Shdemati, a laissé l'électricité dans le bureau du rez-de-chaussée pour dissuader les cambrioleurs. Mais il faudrait vraiment être un voleur débutant, un néophyte, pour tomber dans le panneau, étant donné que la lumière reste allumée chaque nuit jusqu'au lendemain matin et qu'il suffit de jeter un coup d'œil par la fenêtre pour voir qu'il n'y a personne. Le centre culturel est désert, à l'exception de l'ombre du jeune poète blafard, tremblant au pied de l'escalier, au désespoir de n'avoir pu te montrer ses poèmes ni échanger des confidences. Son seul désir est que tu le remarques, silhouette esseulée qui n'est peut-être qu'un carton vide ou deux bancs cassés. Que tu te souviennes de lui, de ses yeux démesurément grossis derrière ses lunettes en cul de pot à bière, que tu saches que maintenant, au milieu de la nuit, il broie du noir, étendu en sous-vêtements dans sa chambre obscure — une sorte d'alcôve aménagée dans un balcon isolé par une cloison en plâtre et des briques de verre, chez ses parents, sur le derrière d'un immeuble rue Reines où il pense intensément à toi.

*

En face du centre culturel, un rai de lumière filtre à travers les rideaux de l'appartement en terrasse que Rochale Reznik lui a indiqué, il y a une heure ou une heure et demie, si tant est que l'auteur ne se trompe pas de fenêtre.

En tout cas, elle a dû confier ses rideaux à un pressing de nuit spécialisé dans le nettoyage des tentures après le coucher du soleil, une laverie qui s'engage à livrer avant minuit les voilages lavés et repassés à leurs propriétaires.

Et si tu te fourvoyais complètement et que sa terrasse n'était pas celle-là, mais l'autre ? Et que cette histoire de rideaux qu'elle a donnés à nettoyer ne soit qu'une allusion transparente, qui t'a échappé, pour te faire comprendre qu'elle ne voulait pas que tu montes ? Ou une litote, pour te suggérer exactement le contraire ? Et toi qui n'as rien compris et as raté ce qui, peut-être... À moins que tu n'aies rien raté du tout ? C'est allumé chez elle, non ?

Et l'auteur d'entrer dans l'immeuble sans trop savoir pourquoi. Il cherche l'interrupteur à l'aveuglette, avec prudence, car sa côte meurtrie lui rappelle douloureusement la gifle reçue tout à l'heure dans la ruelle, et, en tâtant sa chemise, il découvre qu'elle est déchirée et qu'il saigne là où il s'est égratigné : l'odeur de ses doigts tout poisseux lui rappelle les bagarres d'écolier depuis longtemps oubliées.

Une fois la minuterie allumée, l'auteur, à son habitude, s'attarde pour étudier les boîtes aux lettres : Bilha et Shimon Parakhodnik. Famille Arnon. Docteur Alphonse Valero, ingénieur en bâtiment. Yaniv Schlossberg. Rami et Tami Ben-Tolila. Cabinet Kaplan, experts-comptables. Rachel et Hezi Reznik (tracé en lettres cursives avec des pleins et des déliés. Hezi, c'est Joselito ? Aurait-elle un locataire ? Un conjoint ? Non ?).

Il y a également une grande boîte, réservée au syndic (« Défense absolue de déposer de la publicité ! ! ! ») Le hall est plutôt miteux avec la peinture qui s'écaille, les murs tagués, la rampe à moitié rouillée, et une armoire électrique à demi descellée qui ne tient que par miracle. En passant devant une porte où est apposée une carte annonçant « Yaniv Schlossberg est verni d'habiter ici », il entend des tirs en rafales, accompagnés de cris et de vitres volant en éclats, à la télévision.

Il est près de minuit.

Et toi ? Aurais-tu la bonté de nous dire ce que tu fabriques ici à ces heures ? Tu ne serais pas un peu tombé sur la tête, par hasard ?

*

C'est en entendant canarder de toutes parts de l'autre côté de la porte de Yaniv Schlossberg, au deuxième étage, que l'auteur va décider de déguerpir au plus vite. Ses pas le mèneront au bistrot où il a passé le début de la soirée, il y a quelques heures, là où travaille Riki, la serveuse dont on voit la culotte à travers la jupe.

Serait-ce encore ouvert ? Assise à une table d'angle, elle sirote un dernier chocolat chaud avant la fermeture, puis va dans le réduit qui fait office de toilettes troquer sa jupe et ses ballerines contre un jean, un chemisier et des sandales confortables. Quand elle sortira, lui proposera-t-il, par exemple, de la raccompagner chez elle pour la protéger des enquiquineurs qui suivent dans la rue les jolies jeunes femmes comme elle ?

À moins que, arrivé au deuxième, l'auteur ne se sauve pas du tout, mais grimpe chez Rochale Reznik, deux étages plus haut. Arrivé là, il hésite, la minuterie dans l'escalier va s'arrêter, quelqu'un la rallumera à un autre étage et elle s'éteindra de nouveau. L'auteur colle l'oreille au battant : est-elle réveillée, ou bien la lumière qu'il a vue chez elle est-elle la veilleuse qu'elle laisse allumée la nuit quand elle dort avec son chat ? Et si un jeune gaillard vigoureux était étendu à ses côtés ? Ce serait le comble de la honte. Mais comment te vois-tu en ce moment, si je puis me permettre la question ? Dans le rôle de l'homme qui vient combler les appétits nocturnes d'une femme seule, assez jeune et jolie, mais pas vraiment attirante ? Ou dans celui du violeur des cages d'escalier qui sévit dans le quartier depuis plus d'un an et demi ? Ou encore dans celui du jeune homme tourmenté, tel Youval Dahan, le poète en herbe ? Comme lui, tu t'en vas chercher l'inspiration dans les escaliers obscurs, au milieu de la nuit ?

*Un sage sans tête*
*Un sot au grand cœur*
*La joie peut finir dans les larmes*
*Mais comment percer l'énigme ?*

*

Tenté par le diable, notre auteur tourne fébrilement la poignée de la porte : verrouillée, comme de bien entendu.

Et ta timide lectrice ?

Il y a belle lurette qu'elle dort à poings fermés avec la lumière qui a attiré l'espèce de papillon de nuit égaré que tu es.

Mais il y a une autre possibilité : tandis qu'il abaisse avec précaution la poignée de la porte, l'auteur entend du bruit. Il se ravise et s'enfuit aussitôt, sans même allumer la minuterie de l'escalier qu'il descend quatre à quatre en trébuchant dans les tournants, heurtant violemment de l'épaule l'armoire électrique déglinguée qui se détache et se fracasse sur la rampe. Une porte va immédiatement s'ouvrir : par exemple, celle de Yaniv Schlossberg, celui qui est verni de vivre ici.

« Pardonnez-moi, monsieur, mais peut-on savoir ce que vous venez faire ici à pareille heure ? »

Et si on le reconnaissait ? Ses photos paraissent dans les journaux et il ne passe pas inaperçu avec ses grand airs dans les débats télévisés. Qu'avancerait-il pour sa défense ?

« Excusez-moi, mais je ne suis que le pauvre Mister Hyde. Par pitié, je vous en supplie, laissez-moi téléphoner au docteur Jekyll, c'est très urgent. »

*

Il est également possible que l'auteur ne s'esquive pas en entendant du bruit dans l'appartement, mais reste cloué sur place, pétrifié de terreur devant la porte de Rochale Reznik. Au bout d'une minute, il déciderait de lui glisser un mot dans le chambranle (ou mieux, en bas, dans la boîte aux lettres qu'elle partage avec Joselito ?). Voici la teneur du message : « Vous avez été sensationnelle, ce soir, Rachel. Je suis revenu à cette heure tardive pour vous remercier et m'assurer que vous êtes bien arrivée dans votre donjon, sans tomber sur un sorcier ou un vilain dragon. Et avec votre permission, je profite de la présente pour vous embrasser et vous souhaiter une bonne nuit. » (Il signerait de ses initiales. Quoique, à la réflexion, mieux vaut ne pas signer du tout. À quoi bon ?)

Autre hypothèse : au moment où l'auteur s'apprête à tourner les talons, Rachel qui ne dort pas encore, mais réfléchit, assise sur son lit, avise la poignée de la porte qui s'abaisse légèrement. Paniquée, elle court regarder par l'œilleton et, reconnaissant le visiteur, elle va lui ouvrir sans attendre qu'il frappe à la porte.

La jeune femme porte une chemise de nuit de coton uni, à manches courtes et au modeste décolleté attaché par deux boutons, qui lui arrive presque à la cheville. Les a-t-elle fermés à la hâte pendant qu'elle l'observait par le judas ? Ou a-t-elle l'habitude de dormir avec sa chemise de nuit boutonnée jusqu'au menton pour se protéger des intrus préméditant de s'introduire dans ses rêves ?

Rochale l'accueille avec un sourire crispé, et un mélange de crainte et de joie se lit sur sa frimousse d'écureuil.

« C'est vous ? Vous êtes revenu ? »

L'auteur constate avec surprise qu'elle a l'air moins timide et embarrassée qu'au cours de la soirée. D'émotion, il bégaye quelques mots, essaie de gagner du temps, d'inventer une histoire, une explication, une excuse pour prendre ses jambes à son cou.

« Écoutez, Rachel, se surprend-il à dire, je suis revenu parce que j'ai oublié quelque chose que j'avais très, très envie de faire pour vous. Vous ne devinez pas ? »

Elle se campe devant la porte qu'elle s'est dépêchée de verrouiller à double tour dès qu'il est entré, les bras fermement croisés sur sa poitrine pour le tenir à distance. À moins qu'elle ne veuille dissimuler qu'elle est plate comme une limande. Sa voix ne tremble plus (comme si, par le principe des vases communicants, son trouble à lui diminuait le sien à elle) :

« Ah, qu'est-ce donc ? Je donne ma langue au chat.

— Voudriez-vous bien me donner votre livre ?

— Mon livre ? Quel livre ?

— Votre livre. Enfin, le mien. Celui que vous avez lu si merveilleusement au centre culturel. Voilà, je voulais vous le dédicacer, mais, dans le feu de l'action, j'ai oublié. Ça m'est revenu, il y a à peine une demi-heure. Alors j'ai fait un petit tour et me voilà. »

*

Un chat noir et blanc le toise des pieds à la tête du haut de la dernière étagère de la bibliothèque-discothèque. Il lui lance une œillade ironique d'un air détaché, comme si ce genre de visite nocturne était monnaie courante dans l'appartement en terrasse de sa maîtresse : en effet, tous les soirs à minuit, débarque un écrivain complètement déjanté qui se rappelle subitement avoir omis de dédicacer son roman à Rachel Reznik.

« Enchanté. Vous êtes Mister Hezi ? » lance l'auteur en s'approchant sans y être invité de la table placée à côté du lit, où il se penche pour écrire une dédicace amicale — sans oublier d'y associer l'animal jaloux —, agrémentée d'une petite fleur stylisée et d'une tête de chat moustachu qui, bizarrement, a l'air plein de malice.

« Je vous dois des excuses, déclare Rachel. Je me suis trompée quand je vous ai dit que les rideaux étaient au nettoyage, tout à l'heure. Ce n'était pas vrai. »

Au bout d'un moment, elle reprend :

« Non. En fait, je ne me suis pas trompée. Je ne vous ai pas dit la vérité. Je suis désolée.

— Mais pourquoi ? Cherchiez-vous une excuse pour m'interdire de monter ? Vous aviez peur ? (Il lui caresse comme accidentellement la joue. À cette heure avancée de la nuit, ce n'est pas un geste de compassion, mais de tendresse, il ne cherche pas à lui faire la cour.)

— C'est vrai, j'avais peur. Je ne sais pas. J'avais honte aussi. Je suis incapable de définir si j'avais la frousse de vous avouer mon envie que vous montiez, ou si j'avais honte de vous dire que non, qu'il valait mieux vous abstenir, à moins que je n'aie tout simplement pas osé admettre que j'avais la trouille. Maintenant, je l'ignore encore. »

À ces mots, il attire sa tête contre son épaule et l'empêche de s'écarter. (Petit écureuil, n'aie pas peur, ne t'en va pas, je t'en prie.) Il note qu'avec sa natte défaite et ses cheveux retombant librement jusqu'à la taille elle a l'air beaucoup plus attrayante.

Et telle une fillette effarouchée, toujours soudée à lui, elle lui pose une question étrange.

« Je viens de vous confier que maintenant, je l'ignore encore. Ne serait-ce pas plus correct de dire : "Maintenant encore, je l'ignore" ? »

La saisissant par les épaules pour la faire légèrement s'incliner vers la table, il cueille derrière son oreille un léger baiser qui tient davantage du câlin paternel, sans parvenir à endiguer son flot de paroles :

« Bon, voyons voir : maintenant encore, vous l'ignorez ? Encore maintenant, vous l'ignorez ? Maintenant, vous l'ignorez encore ? Même maintenant, vous l'ignorez encore ? Non, vous l'ignorez encore maintenant ? Biffez les mentions inutiles. »

Mais au lieu de biffer les mentions inutiles, elle effleure son cou de ses lèvres, comme pour lui faire comprendre qu'il est temps qu'il se taise. Il interrompt alors ses jeux de mots, un peu honteux des poils drus qui ont repoussé depuis le rasage du matin et doivent gratter. Est-ce à cause du picotement de sa barbe naissante sur sa peau, elle se met à lui labourer la nuque du bout des ongles avec une soudaine brutalité dénuée de douceur. Pour ne pas être en reste, il la plaque dos contre lui, et après avoir repoussé son opulente chevelure, il entreprend de la langue un lent va-et-vient sur les petits cheveux follets qui se hérissent sur sa nuque, et il sent un long frisson la parcourir. Puis il s'empare de ses lèvres prudemment, comme à tâtons, avant d'accentuer sa caresse en une pluie de baisers de plus en plus voraces, léchant, suçant, allant et venant comme un altéré étanchant sa soif. Il respire son parfum où il croit déceler de légers effluves de solution dentifrice, ainsi qu'une trace de yaourt au citron et de pain. Il trouve ce mélange plus doux et excitant que n'importe quelle fragrance au monde. Un instant, il tremble en pensant à sa propre odeur corporelle et se prend à regretter de ne pas lui avoir demandé la permission de se doucher, mais comment l'aurait-il pu ? De toute façon, il est trop tard, car, cramponnée à lui, elle presse ses lèvres sur son torse avec une force et une fougue qui l'emportent sur sa pudeur et ses inhibitions — on dirait que son corps la pousse à agir en la sommant de ne pas lui mettre des bâtons dans les roues.

Comme il la serre entre ses bras, il redoute qu'elle ne s'effraie ou ne s'offusque en sentant l'évidence de son désir à travers ses vêtements. Mais quand elle s'en rend compte, loin d'être choquée ou de se détourner, à croire que les fantasmes peuplant ses nuits solitaires l'ont bien préparée, elle se frotte contre lui et se met à explorer son dos des deux mains, tels des voiliers prodiguant de délicieuses caresses, provoquant du bout des doigts des vagues déferlantes aux crêtes frangées d'écume.

Leurs deux corps étroitement enlacés près de la table roulent tout naturellement en travers du petit lit (il faut préciser qu'il est très étroit). Survient à ce moment-là quelque chose d'inexprimable, un simple mouvement destiné à trouver une position plus confortable, et accompli avec un bel ensemble, sans concertation, avec la précision bien huilée d'un couple de danseurs évoluant à l'unisson après des centaines de répétitions, de sorte que ce geste identique, sublime et sans faute les fait rire au point d'effacer une éventuelle sensation de gêne ou de tension en exacerbant le désir. Et vu que le lit est à une place, ils se retrouvent agrippés l'un à l'autre à l'extrême bord, forcés de coordonner leurs mouvements au jugé, comme dans un pas de deux. De fait, excepté un malencontreux coup de coude dans l'épaule, les figures sont harmonieuses, ce qui le surprend, vu qu'elle est ignorante et que lui-même n'est pas précisément un virtuose en la matière.

« Attendez, souffle-t-elle quand sa main s'aventure sur sa cuisse. Laissez-moi d'abord enfermer Joselito dans la douche, je n'ose pas devant lui.

— Pourquoi ne se rincerait-il pas l'œil, ça le rendra jaloux et ça lui donnera peut-être des idées ? » plaisante-t-il.

Il l'entend murmurer sur un ton vibrant quelques mots affectueux à son chat avant de refermer la porte de la salle de bains. Lui présenterait-elle des excuses ? Elle revient s'allonger près de lui, ils s'étreignent et se caressent, hésitant à aller plus loin, mais lorsqu'il fait mine de lui toucher les seins à travers le coton de sa chemise de nuit, elle emprisonne la main baladeuse dans les siennes pour l'écarter de sa poitrine d'enfant, comme si elle en avait honte et, en guise de dédommagement, la pose d'autorité sur son ventre.

L'envie de parler le démange.

« Écoutez, Rachel… », commence-t-il d'une voix sourde.

Il renonce quand elle lui intime silence et il se met à couvrir de baisers son front, ses tempes, le coin des yeux, derrière l'oreille, le creux du cou en descendant jusqu'à la clavicule, là où elle est un peu chatouilleuse. En fait, il tente de l'enjôler, de donner le change pendant que son autre main, loin de rester inactive, s'insinue subrepticement plus bas.

« Attendez, dit Rachel en le repoussant. Je ne suis pas vraiment rassurée. »

Il suspend docilement son geste.

« Croyez-le ou non, mais moi non plus, mon petit écureuil. Vous n'êtes pas la seule. »

Et même si, à son avis, l'appréhension de la jeune femme n'a rien à voir avec sa peur de la débandade à lui, les deux font la paire : elle le prend pour un coureur, habitué à des plaisirs divers et variés, alors que, avec son inexpérience, tout ce qu'elle a à lui proposer, croit-elle, paraîtra fade et guindé. Quant à lui, comme d'habitude, il appréhende son désir capricieux qui a la fâcheuse manie de retomber sans crier gare, ce qui s'est déjà produit à plusieurs reprises. De quoi aura-t-il l'air ? Que pensera-t-elle d'elle-même ? Et de lui ? Voilà un homme qui fait irruption chez elle à minuit, tout feu tout flamme, mais dont la belle ardeur s'en va en eau de boudin, n'est qu'un simulacre, de la poudre aux yeux. Si elle le croit expérimenté et infaillible, comment réagira-t-elle s'il s'avère n'être qu'un jeune homme transi, courant au fiasco ?

Il lui a suffi d'en envisager la possibilité pour que ses craintes se vérifient. Il lui faut à présent s'écarter de la jeune femme qui se colle à lui avant qu'elle ne s'avise de la débâcle.

Il y a quelques minutes à peine il craignait qu'elle ne remarque son membre dur déformant son pantalon, et voilà que, maintenant, il redoute au contraire qu'elle le voie tout ratatiné.

Un diablotin s'immisce dans ses pensées, un bouffon malveillant qui lui révèle secrètement qu'à présent ils sont à égalité au lit : elle s'évertue à cacher sa poitrine pour qu'il ne remarque pas qu'elle en est pratiquement dépourvue, tandis qu'il évite le contact de ses cuisses exactement pour la même raison. Match nul.

Dois-je la mettre dans la confidence ? Peut-être éclaterons-nous d'un rire libérateur, un rire de soulagement qui nous fera oublier nos angoisses, de sorte qu'il n'y aura plus de gêne entre nous, nulle réserve, aucun secret, plus rien de ridicule ni de désagréable, et que nous pourrons enfin nous donner du plaisir ?

Mais il s'empresse de réduire ce trublion au silence et décide de se taire. Et au lieu d'entrer dans une vaine compétition avec elle, il lui embrasse l'épaule, puis descend le long de ses côtes en évitant délicatement sa poitrine, jusqu'au ventre qu'il s'emploie à mordiller et à lécher tout en dispensant ses caresses habiles aux endroits stratégiques, lui arrachant des gémissements rauques, une sorte de roucoulement assourdi, un long soupir étouffé.

Les yeux clos, il s'efforce de reprendre du poil de la bête en se remémorant la petite culotte de Riki, la serveuse, dont il avait trouvé l'élastique légèrement de travers si sexy à travers le tissu de sa minijupe, au café, avant le débat. Il essaie d'imaginer Riki retroussant sa jupe d'une main et infiltrant l'autre dans l'échancrure de son slip. Tout en essayant de se représenter certaines scènes réalistes de ce qui a dû se passer dans la chambre d'hôtel à Eilat entre Riki et Charlie, son footballeur d'amant, ou entre Charlie et Lucie, l'ex-dauphine de Miss Plage, dans la même chambre d'hôtel, et ce qui aurait pu arriver entre Charlie et les deux femmes ensemble, ou entre Lucie et Riki, seules dans le lit, sans Charlie.

De guerre lasse, il tente de se glisser dans la peau de Youval, le jeune poète, qui commence à désespérer de l'existence tant il crève d'envie d'une femme : bon, maintenant, tu es Youval, et tu as enfin une fille à moitié nue dans ton lit, alors saute-lui dessus, trousse-la et assouvis enfin ta faim dévorante.

*

Rachel perçoit, ou devine les fluctuations où il oscille.

« Vous êtes vraiment là ? Je ne rêve pas ? » dit-elle d'une voix profonde, le visage enfoui au creux de son épaule.

Sans doute est-elle si convaincue de divaguer qu'elle ne se défend pas lorsqu'il prend l'initiative de remonter sa chemise de nuit jusqu'à la taille. Non seulement elle ne fait rien pour l'écarter, mais, s'emparant de sa main, elle la guide vers une étoffe autrement plus douce, soyeuse et tiède que la cotonnade, évoquant sous ses doigts des replis, des fentes secrètes et moites, si bien que le flux rejaillit et qu'il n'a nul besoin d'appeler à la rescousse ni le pauvre Youval ni Riki, la serveuse, et pas davantage ce que l'on pouvait voir par transparence sous son tablier. Son excitation se réveille instantanément, au point que le besoin d'atteindre le point culminant cède la place à une intense concentration, le désir d'être à l'écoute de son corps à elle, de la combler de toutes sortes de gâteries en gardant son self-control afin de la rendre folle de plaisir. Alors avec toute l'abnégation dont il est capable, de ses doigts experts, à présent inspirés, il se met à prodiguer d'exquises sensations autour de son port d'attache, le long de la rade la plus intime, plongeant au cœur des délices.

Tous ses sens en alerte, tel un sonar capable de détecter les oscillations des profondeurs inaudibles pour le commun des mortels, il l'écoute haleter à mesure qu'il accentue ses caresses, saisissant inconsciemment la gamme infinie des nuances, entre les plaintes et les soupirs, sentant à fleur de peau les moindres fluctuations de sa respiration, chacun de ses frissons, comme s'il s'était métamorphosé en sismographe extrêmement sensible enregistrant et décryptant aussitôt les signaux secrets qu'elle lui envoie pour naviguer à vue, anticipant les récifs, évitant les écueils, aplanissant toutes les aspérités, à l'exception de celle qui va, vire, revient, effleure et fait vibrer son corps jusqu'au tréfonds. Ses plaintes se muent en hoquets, supplications, soupirs, petits cris de surprise, tandis qu'il goûte sur ses lèvres la saveur de ses larmes. Et il exploite chaque son, chaque râle, chaque palpitation, chaque vague pour la pousser inéluctablement vers le point d'ancrage.

Il est si fier de voir la tension grimper en flèche qu'il lutte contre son propre désir, déterminé à faire passer la jeune femme par toutes les couleurs de l'arc-en-ciel jusqu'à ce qu'elle ne réprime plus ses gémissements et se laisse emporter par une lame de fond, tel un esquif en papier entraîné dans un tourbillon. (Et malgré ses nobles aspirations et son sens du devoir, notre capitaine dérobe un petit acompte de la félicité à venir en frottant son corps tendu contre le flanc de Rachel, attouchements dont il se délecte avec gourmandise avant de reprendre la barre et s'acquitter de la mission qu'il s'est fixée.)

*

Et tel un musicien concentré sur les touches, il a oublié comment, quelques heures plus tôt, il a pu trouver son petit écureuil effarouché mignon et presque joli, mais pas du tout attirant. Et quand il dénude sa poitrine de gamine, elle ne résiste pas, cette fois, comme si elle s'abandonnait à la passion. Alors il saisit ses seins dans ses paumes et, brûlant de compassion et de désir, il les lèche, puis les happant à tour de rôle dans sa bouche, il commence à les mordiller, à les titiller doucement de la langue tout en insinuant les doigts dans son intimité, caressant la corolle et le bouton de rose, si dur qu'on dirait presque la pointe d'un troisième sein. Puis c'est au tour de ses lèvres et de sa langue de prendre le relais. Tel un bébé, elle se fourre le pouce dans la bouche et commence à le sucer à grand bruit. Alors, elle se cambre, le dos ployé comme la corde d'un arc, pour retomber sur le lit un instant plus tard avec un long cri rauque de plaisir et de stupeur, comme si c'était la première fois de sa vie qu'elle mouillait à son appontement secret où, même dans ses fantasmes les plus fous, elle n'avait jamais imaginé ce qui l'attendait.

Elle éclate en sanglots comme une petite fille.

« Je pleure, vous voyez, murmure-t-elle, son petit visage de rongeur niché au creux de son épaule. Je vous demande pardon. C'est que vous m'intimidez un peu. »

Alors elle se met à lui caresser la joue et le front, lentement, longuement, et sèche ses larmes, rassérénée. Au bout de deux ou trois minutes, elle se redresse et, les bras levés, se débarrasse de sa chemise de nuit, entortillée autour de sa taille, dont il a abaissé le haut et retroussé le bas.

« Maintenant, ça m'est égal que vous me voyiez », ajoute-t-elle en se rallongeant, offerte, attendant qu'il vienne. Mais il ne bouge pas, étendu à ses côtés en chien de fusil pour qu'elle ne remarque pas la déroute, opérée aussitôt après que, repue, elle a eu jeté l'ancre. Il craint qu'elle ne se vexe ou, au pire, qu'elle se sente coupable.

Elle s'enhardit — ce qui la surprend autant que lui — et, s'humectant le bout des doigts, elle les referme sur son sexe qu'elle se met à masser comme jamais elle n'a osé le faire, ni pour son premier amant, du temps de sa jeunesse, ni pour l'homme marié qu'elle fréquentait six ans et demi auparavant.

Évidemment, elle ne peut pas ne pas se rendre à l'évidence — ce dont elle se doutait plus ou moins d'ailleurs — mais, loin de se froisser, elle est au contraire assaillie par l'émotion et une tendresse maternelle suscitée par l'embarras de l'auteur, sa délicatesse et l'inquiétude qu'il nourrit à son égard.

Alors, avec une détermination typiquement féminine à laquelle se mêle l'absolue certitude qu'il lui faut l'aider, elle prend son courage à deux mains et entreprend de faire rouler son sexe entre ses paumes maladroites, mais pleines de bonne volonté, d'enthousiasme et de douceur, comme si elles ruisselaient de myrrhe. Avec une grande ardeur, elle s'applique à le pétrir de ses cinq doigts en s'efforçant de deviner juste, puis, elle y pose les lèvres et le câline de sa langue de velours avec persévérance, telle une bonne petite écolière, jusqu'à ce que, à certains frémissements, il sente son désir relever la tête.

*

Les ricanements narquois ou écœurés provenant du fond de la salle, tout à l'heure, lui remontent subitement à la mémoire, ce qui lui rappelle Arnold, Arnold Bartok, un homme anguleux et sec : on dirait un singe souffreteux et ratatiné qui a perdu sa fourrure. Il y a environ un mois, il a été licencié du centre de tri des colis postaux d'une messagerie privée où il travaillait à mi-temps. La nuit, sa mère et lui suffoquent dans une ancienne laverie où ils partagent la même couche : toutes les heures ou toutes les deux heures, il doit glisser puis retirer un pot de chambre de dessous la montagne de chairs flasques de l'invalide. Arnold Bartok réfléchit à la question de la vie éternelle et à l'éradication possible de la mort.

Son désir balbutiant se rétracte derechef. Les doigts diligents de Rachel sont impuissants à réparer les dégâts causés par la vengeance d'Arnold. C'est le moment que choisit le poète en herbe, Youval, pour se manifester : il attend patiemment son tour dans la foule, mais pas pour faire dédicacer son livre.

« Vous m'avez fait du tort, non ? » reproche-t-il à l'auteur avec une profonde affliction dénuée de colère.

L'auteur va s'évertuer à expliquer l'inconcevable à Rachel. Même une femme plus expérimentée serait désarçonnée et culpabiliserait.

Et il prendra sur lui l'entière responsabilité de sa défaillance, comme du désarroi où il l'a plongée.

Si elle pouvait s'épancher sur l'oreiller, dans la chambre obscure, à 2 heures du matin, Rachel lui tiendrait à peu près ce langage : « Ne soyez pas triste, je vous en prie, vous ne devez pas être triste, même pas un tout petit peu, et ne vous excusez pas non plus, c'est inutile, parce que votre membre tout raplapla me pénètre plus profondément et m'emporte plus loin que n'importe quel sexe en érection ne l'a jamais fait. »

Mais comment extérioriser ses sentiments, même tout bas, dans le creux de l'oreille de celui qu'elle ne connaît pour ainsi dire que par ses livres ?

*

Elle se lève à la lueur vacillante du réverbère qui s'infiltre à travers les rideaux et ramasse à tâtons sa chemise de nuit, tombée par terre. Puis elle va s'enfermer dans la douche d'où elle ressort dix minutes plus tard, toute pimpante et parfumée, vêtue d'une nouvelle chemise de nuit lui arrivant à la cheville et boutonnée jusqu'au menton comme la précédente. Elle en a profité pour libérer Joselito, le démon travesti en chat, qui bondit sur son perchoir : la dernière étagère de la bibliothèque-discothèque, presque à hauteur de plafond. De là-haut, il fixe de son regard jaune de félin, hostile, écarquillé de surprise ou indéchiffrable, l'étranger qui l'a chassé cette nuit de sa place attitrée, sur le lit, comme pour dire : « À quoi cela t'a servi tout ça, hein ? » Ou encore : « Je savais que ça finirait de cette façon, et toi aussi, d'ailleurs. »

Allongé misérablement sur le dos, en pleine déconfiture, ledit étranger fume une cigarette : sa virilité en a pris un coup, pareil à l'affront primitif d'un étalon qui aurait flanché. Pour se consoler, il se flatte des plaisirs exquis administrés à Rachel et de toute la gamme des gémissements qu'il est parvenu à lui arracher ; pour se reprocher aussitôt ces expédients et sa fatuité. Écoute, Rachel, ne sois pas désolée, voudrait-il lui dire. Tous les personnages de cette histoire, sans exception, sont l'auteur lui-même : Riki, Charlie, Lucie, Léon, Ovadia, Youval, Yerouham, et ce qui leur arrive n'arrive en fait qu'à l'auteur. Toi-même, Rachel, tu es le fruit de mon imagination et ce qui se passe en ce moment entre toi et moi ne regarde que moi.

« Oh, vous avez une profonde égratignure ! s'exclame-t-elle. Et ça a même saigné ! Voulez-vous que je la désinfecte et que je mette un pansement ?

— Non, ne te fatigue pas, ce n'est rien.

— Vous avez trébuché sur quelque chose ? Votre chemise est déchirée !

— Je me suis battu pour toi avec un dragon. Avec sept sorciers, cinq démons et un dragon. Je les ai tous abattus, mais ils ont réussi à me pourfendre d'un coup d'épée.

— Allons, n'ayez pas peur. C'est juste de la teinture d'iode. Ça brûle un petit peu. C'est fini. Qu'est-ce que ça veut dire ? Un pourfendeur de sorciers et de dragons qui a peur d'un peu de désinfectant et d'un pansement ? »

*

Pour l'heure, il n'est plus étendu sur le lit, dépité ou triomphant. Il se lève, s'enroule dans le drap, allume une cigarette qu'il écrase après deux ou trois bouffées, repêche ses vêtements éparpillés sur la natte, au pied du lit, il va uriner et décide de prendre une douche froide, d'où il ressort habillé et dégoulinant, ayant décidé de ne pas s'essuyer, histoire de se donner un coup de fouet.

« Du café ? Un petit pain ? Un toast grillé ? C'est l'affaire de cinq minutes.

— Non merci, petit écureuil. Je dois y aller. Il est déjà deux heures et demie.

— Mais l'eau est chaude. Vous prendrez au moins un café ?

— Merci, mais non, Rachel. Pardonne-moi, mais c'est vrai, il faut vraiment que j'y aille ("c'est vrai", "vraiment" sont des mots de passe derrière lesquels se profile la face lunaire du mensonge).

— Dites-moi, c'était bien, non ?

— Très bien. Fantastique. Écoute, Rachel, je t'appellerai bientôt. (Tu ne le feras évidemment pas. À quoi bon ?) Ne sois pas fâchée, s'il te plaît. Ni contre moi ni contre toi. Et ne sois pas triste non plus (mais elle l'est déjà, par ta faute, espèce de salaud, et tu le sais, tu le savais depuis le début). Alors au revoir. Salut, Joselito, je te conseille de bien veiller sur ta maîtresse, sinon gare à toi. (Il a du mal à dissimuler son impatience, la main sur la poignée de la porte, celle-là même que, moins de trois heures auparavant, il a tenté de tourner précautionneusement, tout en espérant qu'elle serait verrouillée. Mais pour quelle raison es-tu monté ici dans le noir ? Pourquoi avoir essayé d'ouvrir la porte ?)

— Attendez ! Vous ne voulez pas une infusion ? J'ai du maté d'Argentine. Et si vous restiez jusqu'au matin ? Vous êtes le bienvenu chez nous, n'est-ce pas, Joselito ?

— Merci à tous les deux, vraiment, mais il faut réellement que je m'en aille. Je t'appellerai. Nous bavarderons. »

La voix de la jeune femme se brise, comme lorsqu'ils ont quitté ensemble le centre culturel, tout à l'heure.

« Je vous ai déçu ?

— Déçu ? Mais non, voyons. Pour quelle raison ? »

Elle ne répond pas. Elle s'escrime à fermer le premier bouton de sa chemise de nuit, sans succès puisqu'il l'est déjà.

« Non. Je ne suis absolument pas déçu. Quelle idée ! Tu es merveilleuse, Rachel (mais tout ça, c'est du vent, puisqu'il se demande ce qu'il est venu fabriquer ici, au beau milieu de la nuit. Qu'est-ce qui lui a pris ? Il consulte sa montre, la main sur la poignée de la porte : il est là depuis deux heures et demie. Un peu plus, même : deux heures et quarante minutes).

— Je voudrais vous dire que...

— Je sais, Rachel. (Il l'interrompt pour ne pas entendre.) Je sais. Ne t'en fais pas. Tu viens de dire que c'était vraiment fantastique, n'est-ce pas ? Au revoir. Retourne vite te coucher jusqu'à demain matin. Ou même demain après-midi, pourquoi pas ? » (Les mots « n'est-ce pas ? », « pourquoi pas ? » et surtout le terme « vraiment » rendent ses propos encore plus vains et mensongers. Lamentables, songe-t-il. Détestables.)

Et maintenant ? Tu pourrais peut-être aller voir si le café de Riki est encore ouvert à 2 h 20 du matin. Riki travaille peut-être encore, qui sait ?

*

Une fois dehors, dans la nuit, il gagne l'avenue, et de là il s'engage dans une ruelle, puis dans une autre. Tiens, mieux vaut tard que jamais ! pense-t-il, alors que son sexe donne des signes de vie. Qu'est-ce qui te prend, andouille ? Tu réalises ce que tu as raté ? Excuse-moi, mais le plus bête des deux n'est pas celui qu'on pense. Alors, tiens-toi tranquille, s'il te plaît.

En traversant une rue déserte, éclairée par la lumière blafarde des lampadaires, l'auteur creuse les portraits de Myriam Hora'it et de Yerouham Shdemati, le délégué culturel, pour leur donner un peu d'épaisseur.

Ce faisant, il se retrouve dans un quartier inconnu, à la limite de la ville, au milieu de terrains vagues obscurs.

*Autant en emporte le vent,*
*Il souffle, vient et va,*
*Peut-être cette fois, attends :*
*Sur ses ailes te prendra ?*

Immobile comme une souche, un gardien de nuit, un nabot bossu aux épaules dissymétriques, urine devant un immeuble en construction. Derrière lui s'alignent des poteaux électriques, un trottoir non bitumé, des hangars, des auvents en tôle ondulée et des monticules de gravier et de sable. La route, non asphaltée, est un simple chemin de terre, en bordure de la ville : des champs d'herbes sèches, quatre bidons rouillés, des espaces jonchés de gravats, de meubles hétéroclites, des arbustes de ricin, une carcasse de jeep, un pneu à moitié enfoui dans le sable. Enfin seul ! Il s'installe sur une caisse renversée. Les contours des montagnes. Les étoiles. Des lumières scintillant aux fenêtres. Un feu tricolore un peu timbré qui change de couleur dans le vide. Des aboiements de chiens, au loin, et un léger remugle d'égout. Pourquoi l'écrire ? Ils existeront toujours, que tu l'écrives ou non, en ta présence ou en ton absence. On en revient aux questions fondamentales figurant au début : qu'est-ce qui te pousse à écrire ? Et pourquoi de cette manière ? Tes textes servent-ils à la société, à l'État, ou contribuent-ils à approfondir les valeurs morales ? Qui ambitionnes-tu d'influencer ? Écris-tu pour la gloire ? Ou pour l'argent ?

À seize ou dix-sept ans, l'âge du jeune poète, Youval Dotan, l'auteur s'enfermait, la nuit, dans un entrepôt désert où il couchait sur le papier des histoires sans queue ni tête. Il écrivait, rêvait ou se masturbait de la même façon : par contrainte, enthousiasme, désespoir, dégoût et douleur. À l'époque, il s'acharnait à comprendre pourquoi, souvent, sans raison, les hommes se font du mal, à autrui ou à eux-mêmes.

Aujourd'hui, sa curiosité est toujours aussi vive, mais il ne supporte plus le contact physique avec des inconnus, même le frôlement occasionnel d'une main sur son épaule. Il lui répugne de respirer l'air rejeté par d'autres poumons. Mais il continue d'écrire sur les gens pour les toucher sans les toucher et vice versa.

Autre possibilité : il écrit, comme un photographe du temps jadis, immortalisant les réunions de famille sur de vieux clichés sépia. Il court de droite et de gauche, bavarde avec les uns et les autres, lie connaissance avec tout le monde, plaisante, insiste pour installer chacun, en demi-cercle, par ordre de grandeur, il fait asseoir les avortons, les femmes et les enfants, les rapproche, tête contre tête, passe à deux ou trois reprises entre les rangs pour rectifier ici et là un col, un pan de chemise, les plis d'une manche, les rubans retenant les tresses, retourne derrière son appareil juché sur un trépied, fourre la tête sous le voile noir, ferme un œil, compte jusqu'à trois d'une voix de stentor et, quand il se décide enfin à appuyer sur le déclencheur, il transforme tout le monde en fantômes (seul le chat gris de Myriam Hora'it, ayant refusé de rester immobile — peut-être a-t-il flairé l'odeur de Joselito ? —, restera figé pour l'éternité dans un coin de la photo avec trois ou quatre queues. Lisabetta Kunitzin a cillé et on dirait qu'elle cligne de l'œil. Le crâne chauve de M. Léon, le sbire, brille d'un éclat maladif. Le poète en herbe, Youval Dotan, a oublié de sourire, mais Charlie montre toutes ses dents, Rochale Reznik fixe le bout de ses souliers et Lucie, la dauphine de Miss Plage, a une coquetterie dans l'œil gauche).

*

Mais pourquoi écrire sur des choses qui existent indépendamment de toi ? Comment rendre l'indicible par des mots ?

Dans ce cas, quel rôle jouent tes récits, si rôle il y a ? À qui servent-ils ? Qui a besoin de ces élucubrations éculées, ces histoires de fesses avec des serveuses frustrées, de lectrices vivant seules avec leur chat, de dauphines d'une Miss Plage d'Eilat, il y a vingt ans ? Aurais-tu l'obligeance de nous expliquer en bref, avec tes propres mots, ce que tu essaies de dire dans ce récit ?

Il se cantonne dans le rôle du spectateur déconfit, comme si le reste du monde n'existait que pour peupler ses histoires. Il est profondément triste d'être toujours l'intrus, de ne pouvoir ni toucher ni être touché, d'avoir éternellement la tête sous la vieille étoffe noire de l'appareil photo.

Un peu comme la femme de Lot : pour écrire, il doit regarder en arrière et devenir une colonne de sel en entraînant tous les autres.

Écrire le monde tel qu'il est, tâcher d'emprisonner une nuance, un parfum ou un son dans des mots, c'est un peu comme jouer du Schubert en présence du compositeur qui ricane dans la salle obscure.

*Ici, tout est vert, calme et désert.*
*Un corbeau sur un poteau figé.*

*Poussant presque de front deux cyprès.*
*Et un troisième en retrait.*

*

Une précision s'impose. Le portrait de Mme Myriam Hora'it est incomplet, des jambes enflées, sillonnées de varices violacées, un visage flétri, rayonnant de bonté et d'intelligence : de près, tu as remarqué la délicatesse de sa bouche, ses doigts admirablement fuselés, ses beaux yeux noisette, un regard d'enfant débordant d'enthousiasme aux longs cils légèrement recourbés. Elle s'occupe de huit chats errants — l'un est amputé d'une oreille — qu'elle nourrit deux fois par jour. Yehiel Hora'i, son mari, s'est fait écraser alors qu'il était en mission à Montevideo. Elle a deux fils mariés, gynécologues à New York (l'un d'eux a épousé la fille de la voisine trop curieuse, Lisabetta Kunitzin, l'opticienne).

Depuis quelques années, un vague lien s'est noué entre Myriam Hora'it, une femme d'âge mûr qui vit seule dans un deux-pièces avec une entrée, et le voisin veuf, le délégué à la culture qui glousse de joie pour un oui ou pour un non et dégage une forte odeur corporelle, Yerouham Shdemati, dont le visage a l'air d'une miche de pain rassis oubliée depuis si longtemps dans la corbeille qu'elle s'est ratatinée et craquelée. Un jour, dans les années soixante, arrivé treizième sur la liste des candidats du parti sioniste ouvrier, il avait failli être élu à la Knesset. Il s'était battu pour obtenir la direction du futur phalanstère de tous les ouvriers du pays, juifs, arabes, hommes et femmes confondus, auquel chacun contribuerait de son mieux, déposant tous les mois son salaire dans la cagnotte commune. Cette caisse était d'ailleurs censée reverser aux travailleurs et aux travailleuses un salaire minimum unique, majoré d'une indemnité en fonction du nombre d'enfants, de l'état de santé et des exigences de l'instruction et de l'éducation de toute la famille, selon les moyens et les besoins réels de chacun. Il pensait que l'homme était naturellement bon et que c'était la vie en société qui le poussait à l'égoïsme, la cupidité et l'exploitation d'autrui.

Ce soir, avant de monter sur l'estrade, il t'a demandé de lui rappeler qu'il devait te raconter quelque chose à propos du *Livre des plaisanteries et des traits d'esprit* de Rabbi Alter Druyanov. Mais cela t'est sorti de l'esprit, et maintenant il est trop tard. Tu ne sauras jamais la différence essentielle entre une plaisanterie et un bon mot. Et il y a peu de chances pour que tu revoies jamais Yerouham Shdemati.

Tu devrais peut-être t'arrêter sur ce personnage, le temps de lui attribuer certaines lubies qui en graveront le souvenir dans la mémoire des lecteurs, deux ou trois excentricités significatives : par exemple, son habitude de lécher avec gourmandise les enveloppes gommées comme si c'étaient des bonbons ou, à grands coups de salive voluptueux, les timbres qu'il colle ensuite d'un poing vengeur, faisant tressaillir Myriam Hora'it, fascinée par son « côté tatare qu'il cache bien ».

Il décroche le téléphone à la première sonnerie d'un grand geste énergique, comme s'il jetait une pierre, pour le reposer ensuite avec détermination sur son support.

« Oui, s'il vous plaît, ici Shdemati, à qui ai-je l'honneur, je vous prie ? Bartok ? Non, je ne connais aucun Bartok, Arnold ou pas, inconnu au bataillon, non, non, cher camarade, absolument pas, en aucune façon, à mon grand regret, je ne suis pas autorisé à donner les coordonnées de l'auteur, je n'ai pas le droit de le faire, navré, mon vieux, et pourquoi, si je puis me permettre, ne tentez-vous pas votre chance auprès du secrétariat de l'association des écrivains ? Hein ? »

Il est presque toujours couvert de bleus au coude, au front, à l'épaule ou au genou, à cause de sa manie d'ignorer les objets qu'il s'obstine à traverser comme s'ils étaient immatériels. À moins que, au contraire, ils ne lui gardent rancune et ne se liguent contre lui : un dossier de chaise part à l'assaut et le heurte de plein fouet, l'angle du placard de la cuisine le cogne à la tête, un morceau de pain tartiné de miel attend subrepticement le moment où il va s'asseoir sur le banc, la queue du chat se coince sous son soulier et une tasse de thé brûlant en veut à son pantalon. Il trouve cependant le temps d'adresser un courrier incendiaire à la rédaction du quotidien du soir pour fustiger l'injustice et stigmatiser impitoyablement la laideur, l'arrogance, l'ignominie et le mensonge qui règnent chez nous en politique particulièrement et dans la société en général.

Le matin, en pantalon de pyjama et maillot de corps jauni, cet homme solidement charpenté se campe tout transpirant devant le lavabo de la salle de bains dont il ne ferme jamais la porte pendant ses longues et bruyantes ablutions : les jambes largement écartées, il se penche, s'asperge et se frictionne la figure, la nuque, ses larges épaules, son torse couvert d'une toison chenue, il grogne et souffle sous le jet, s'ébroue comme un chien sortant de l'eau, presse fortement ses narines à tour de rôle en expirant pour en vider le contenu dans la cuvette, se racle la gorge et crache si bruyamment que Myriam Hora'it sursaute dans la cuisine, de l'autre côté du mur. Pour finir, il passe encore trois bonnes minutes à s'étriller furieusement avec une serviette, comme s'il récurait une poêle.

Mais si on le complimente pour l'omelette qu'il a confectionnée, le tableau ornant le mur de sa chambre, les prouesses des premiers pionniers, la grève du port d'Haïfa, ou la splendeur du coucher de soleil qu'on voit par la fenêtre, ses yeux se mouillent aussitôt de reconnaissance. Derrière les discours enflammés qu'il tient à tout propos, depuis la dégradation du statut des travailleurs jusqu'à l'infantilisme général de la culture israélienne et de l'humanité tout entière, couve en permanence un geyser d'allégresse, un Gulf Stream de bonté et de générosité jubilatoire. Et même s'il use de l'intimidation en haussant la voix, vitupérant dans une imprécation blessée, son visage rayonne encore d'un optimisme inépuisable, d'un enthousiasme sans borne.

Yerouham Shdemati accueille invariablement sa petite-nièce par une devinette ou une plaisanterie éculée : « Dis-moi, *krassavitsa*, ma belle, qui se promène avec un petit dans sa poche ? Un kangourou ? Un loup-garou ? Un potorou ? Alors ? Hi hi ? C'est qui ? Hein ? » (Oublieux du fait que la gamine a grandi et a déjà quatorze ans et demi.) Et pour sauver les apparences, cette façade de gaieté dynamique et positive, au sens syndical du terme, Yerouham Shdemati cache sa maladie à sa jeune parente et à son amie Myriam Hora'it : une leucémie dont, d'après son médecin de frère, il a très peu de chances de guérir.

*

Bientôt 3 heures. Il lui faut encore remédier à quelque chose, songe l'auteur en traversant une rue déserte au feu rouge. Jetant un regard circulaire, il constate que la nuit est vide et qu'un réverbère tremblote comme s'il se demandait si cela vaut le coup : (disons demain, à 9 heures du matin) il devrait, par exemple, faire venir Charlie, l'ex-gardien de but remplaçant des Bnei Yehouda, l'ex-amant de Lucie, la dauphine de Miss Plage, puis celui de Riki, la serveuse, et de nouveau celui de Lucie, avec lesquelles, chacune séparément, il avait passé une semaine de folie à l'hôtel de son oncle, à Eilat. Aujourd'hui, il est père de famille et possède à Holon une entreprise de chauffe-eau solaires qui exporte même à Chypre. Bref, il pourrait le faire venir demain matin à 9 heures au département de médecine interne de l'hôpital Ichilov, pour rendre une visite-surprise à Ovadia Hazam.

Mais il appréhenderait d'arriver seul. Un malade incurable, la formule lui fait peur. Il préfère se faire accompagner de sa femme. Au fond, non, pas de sa femme, mais de Lucie, ça lui rappellera le bon vieux temps, quand il l'appelait Gogog.

Ou bien non, pas Lucie. Plutôt Riki. Le matin, on voyait qu'elle ne portait rien sous son petit haut : on aurait dit deux chiots de couleur sombre qui, à chaque pas, avaient l'air de fouiller son tee-shirt du museau. Il l'appelait Gogog elle aussi, quelquefois.

Et s'il les embarquait toutes les deux ?

Ovadia ouvre les yeux et agite mollement la main. Il est si faible que son bras squelettique retombe aussitôt sur le drap.

« Que faites-vous ici ? bredouille-t-il. Ce n'était vraiment pas la peine, je vous assure. »

Il ajoute quelque chose d'indistinct que Charlie et les filles ne comprennent pas.

« Il demande que vous alliez chercher les chaises à côté de la fenêtre, là-bas. Il veut juste que vous vous asseyiez », traduit le malade, couché dans le lit voisin.

Charlie éprouve des sentiments mêlés : l'angoisse, la

pitié et un léger dégoût dont il a honte. Il parle trop fort, avec un entrain un peu forcé, comme si le cancéreux qui agonise souffrait également de surdité. Bon, alors voilà, lui et les deux filles sont venus pour le sortir de là, explique-t-il.

« *Yallah*, sacré farceur ! Debout ! Tu t'es assez éclaté comme ça ! Viens te dégourdir les jambes dehors comme un lion, on va s'en payer une tranche, je ne te dis que ça ! Allez, appuie-toi sur les deux gonzesses que je t'ai amenées. On y va ! Tu croyais qu'on était juste venus te rendre visite ou quoi ? Non, mon vieux, on est venus t'enlever. Les filles vont t'aider à t'habiller et tu vas te tirer d'ici vite fait. Décide laquelle des deux tu préfères, c'est ma tournée. À moins que tu ne veuilles emballer les deux ? Ne te gêne pas, c'est un cadeau de la maison. »

Le malade émet un gargouillis incompréhensible.

« Quoi ? Quoi ? On ne comprend rien ! Répète ! » s'écrie Charlie.

Le voisin se dévoue derechef.

« *Les dames de Charlie*, *Les drôles de dames*, quoi ! Le feuilleton à la télé. Il plaisante. »

Entre deux blagues, Charlie prend subitement conscience qu'Ovadia Hazam est en train de mourir. On lui avait bien dit que son état était critique, mais il avait pensé que c'était un peu comme une fracture du genou ou six côtes brisées. C'est la première fois qu'il voit une personne *dans un état critique* de près. Il est saisi d'une panique mêlée d'une joie féroce à l'idée que le mourant est quelqu'un d'autre, que lui-même est en pleine santé et va bientôt sortir d'ici, alors qu'Ovadia n'ira plus jamais nulle part. Voilà.

Honteux de cette euphorie déplacée, il hausse encore le ton et en rajoute au point que le malade lève la main en balbutiant quelque chose que ni Charlie ni le voisin ne parviennent à saisir. Ovadia Hazam doit s'y reprendre à plusieurs fois avant que son compagnon ne réussisse à décoder :

« De l'orangeade. Il a dit de l'orangeade. Il a soif. Il veut une bouteille d'orangeade.

— De l'orangeade ? s'étonne Charlie. Mais où voulez-vous qu'on en dégote ? Ça fait un siècle qu'on n'en fait plus. Peut-être pas un siècle, mais vingt ans au moins. Lucie ? Riki ? De l'orangeade ? Ça remonte à quand, la dernière fois que vous avez vu ce truc-là ? »

Le voisin insiste avec un malin plaisir, par rancœur ou par provocation.

« En tout cas, c'est ce qu'il demande. Il ne veut rien d'autre. Qu'allez-vous faire ? »

Charlie se gratte la nuque et, dans la foulée, il assène une taloche sur la tête de Riki.

« *Yallah*, mes belles ! Vous ne voyez pas que notre ami est triste ? Vous ne pourriez pas le cajoler un peu ? Oui. Toutes les deux. Ensemble. Câlinez-le de la tête aux pieds pour qu'il souffre un peu moins. Vous n'avez pas les yeux en face des trous, ou quoi ? Il a mal, ça se voit, non ? Montrez-lui un peu de quoi vous êtes capables.

Allez, baissez-vous, et dorlotez-le un peu. Gogog au carré. Allez-y, toutes les deux. »

Charlie se penche et, surmontant difficilement sa répugnance et son appréhension, les larmes aux yeux, il entreprend de caresser la tête baignée de sueur du malade, ses joues, son front blême.

« Chut ! dit-il au mourant qui se met à pleurnicher à son tour. Ne pleure pas, mon pote. Ça va aller, tu verras. Aie confiance en moi, ton vieux copain va te sortir de là. Caressez-le aussi, les filles, mettez-y du vôtre et arrêtez de geindre. »

Le voisin presse la sonnette en larmoyant à son tour.

Ça suffit, le malade est trop énervé et elle doit gentiment, mais fermement prier les visiteurs de partir, explique-t-il à l'infirmière vite accourue. Voilà.

*

Et puis tu as promis à Rochale Reznik de lui téléphoner un de ces jours, bien sûr que tu vas le faire, évidemment, bientôt, mais tu n'as pas son numéro. Vu que tu ne le lui as pas demandé. Tu as oublié. Plantée devant l'armoire, dans sa petite chambre qui sent le propre, éclairée par une lampe à l'abat-jour en macramé, une pièce très simplement meublée avec des rideaux clairs, elle range son linge après avoir fourré l'autre chemise de nuit et ses dessous au sale.

Aurais-je eu la poitrine de ma mère et de ma sœur, ma vie en aurait été changée, songe-t-elle en se regardant tristement dans la glace. Pourquoi avoir refusé qu'il monte ? Il a pourtant insisté, à sa manière affable et paternelle. J'aurais dû accepter. J'aurais préparé du café ou du maté d'Argentine, voire un léger en-cas. Et puisqu'il avait tant apprécié ma lecture, je lui aurais révélé que je sais aussi chanter. J'aurais pu lui faire une petite démonstration. Ou mettre une musique d'ambiance pendant que nous buvions du café ou du maté argentin. Et alors peut-être que soudain tous les deux…

Aucune femme ne lui résiste, c'est sûr, qu'est-ce qui m'a pris de faire ma mijaurée ?…

Et maintenant, plus jamais, plus jamais…

Il doit penser que je suis un peu toquée. Frigide, même.

« Ce que je suis gourde, Joselito, tu te rends compte ? Plus bête que moi, tu meurs ! » (Elle parle toute seule en grimaçant un sourire, au bord des larmes.)

Maigre comme un clou dans sa chemise de nuit boutonnée jusqu'au cou, à l'image d'une pensionnaire de l'ancien temps, assise très raide au bord du lit, sous le poster de *La Paix maintenant*, son chat sur les genoux, elle note d'une écriture nette les noms des villes et des pays de sa collection de pochettes d'allumettes — elle en possède plusieurs dizaines provenant de palaces où elle n'a jamais mis les pieds, à Saint-Maurice, Saint-Tropez, Saint-Marin, Monterey, San Remo, Lugano…

*

Mais que voulait donc dire l'auteur ?

Rochale Reznik est toujours assise sur son lit, les cheveux dénoués, les jambes repliées sous elle — on distingue sa culotte sous la chemise de nuit, mais personne ne peut la voir —, les rideaux, qu'elle n'a jamais donnés à laver, sont soigneusement tirés à cause des voisins. Elle se doute que, cette nuit, l'auteur lui a parlé à demi-mot et qu'elle aurait dû lire entre les lignes, mais elle n'a rien compris. Elle va s'évertuer à décoder ses propos pendant une heure, une heure et demie, sans même tenter de se rendormir. Avait-il une idée de derrière la tête avec cette histoire de pharmacienne qui lui avait appris les secrets des poisons quand il était petit ? Et la séquestration de la très belle nièce de Trotski ? La mère qui insistait pour que, une fois dans sa vie, son fils voie un écrivain vivant de près ? Et l'oncle qui avait frappé un député ? Son regard se pose soudain sur la poignée de la porte qui lui semble tourner lentement, comme si une main pusillanime, indécise, voulait vérifier si elle n'avait pas oublié de la verrouiller. Serait-ce le violeur des cages d'escalier ?

Rachel se fige, paniquée. Mais une onde de chaleur lui permet aussitôt de surmonter sa peur et, pieds nus, elle se précipite pour regarder par le judas, prête à lui ouvrir avant même qu'il ne frappe.

« Entrez, entrez, je vous attendais ! »

Non. Elle ne bougera pas, car elle a essuyé trop de désillusions, d'offenses et d'amères déconvenues. Elle reste donc accroupie sur son lit dans sa longue chemise de nuit, les yeux fixés sur la poignée, bien après que, en désespoir de cause, l'auteur eut battu en retraite dans l'escalier, heurtant au passage la porte à moitié disloquée de l'armoire électrique.

Elle finit par s'étendre, terrassée par la fatigue.

Joselito grimpe sur son ventre et se frotte la tête contre ses mains en ronronnant. Le chat et sa maîtresse suivent des yeux la progression d'une phalène le long du poster de *La Paix maintenant.* « La vie de nos fils nous importe davantage que le tombeau des Patriarches », proclame la légende.

Elle se glisse entre les draps, toujours plongée dans ses réflexions, tandis que Joselito regarde avec concupiscence le papillon de nuit voltiger sur le mur. Le murmure incessant du ventilateur qui fournit un courant d'air chaud et humide l'empêche de dormir. De loin en loin, elle sombre dans une sorte de léthargie et, entre deux somnolences, elle croit avoir compris : c'était extrêmement simple. Mais au bout de quelques minutes, elle se réveille, se redresse, chasse un moustique, mais ce qu'on lui voulait ce soir lui échappe encore. Pourquoi l'avoir invitée à se promener à la fin de la soirée ? Que signifiait le bras passé autour de son épaule, et de sa taille ensuite ? Et les anecdotes, les caresses furtives dans l'arrière-cour obscure ? A-t-elle rêvé quand, il y a deux ou trois heures, elle a cru voir une main tourner craintivement la poignée de la porte ? S'était-il ravisé et sauvé dans l'escalier avant qu'elle n'ait eu le temps de décider si elle allait ou non lui ouvrir ?

Était-ce ou n'était-ce pas lui ? Et pourquoi ?

Elle ne trouve pas de réponse, le cœur serré de détresse parce que, pendant son sommeil, il y a une minute à peine, elle avait tout compris, mais que l'explication lui a échappé au réveil.

La nuit s'étire interminablement, comme si le temps s'était arrêté. Joselito s'agite comme un fou : il arpente le corps de sa maîtresse dont il mord les orteils sans crier gare, tombe en arrêt, tendu comme un ressort, il se hérisse, prêt à bondir, s'élance, se fait les griffes sur le drap, après quoi il se rue sur le rideau comme s'il voulait l'arracher et condamner définitivement le tissu de mensonges qu'elle a inventé à ce propos.

*

L'oncle Bumek, le poète Tsefania Beit-Ha'lachmi, s'est fourvoyé en affirmant dans son recueil *Vie et mort en quatre rimes* qu'il n'y a : *Point d'époux sans mariée, ni de pour sans parlers.* Rabbi Alter Druyanov a eu tort d'inclure dans son *Livre des plaisanteries et des traits d'esprit* l'histoire de ce nigaud de circonciseur qui s'était fait attendre à la cérémonie : à la réflexion, un retard n'a rien d'amusant, c'est irrémédiable. Le docteur Pessach Yikhat, le professeur ou l'inspecteur adjoint irascible, n'avait pas tort de monter sur ses grands chevaux à la fin de la réunion en assenant que la vocation des belles-lettres était d'insuffler un peu de réconfort et de bonté dans le marasme ambiant. Comment dire ? Pour nous permettre au moins de lécher nos blessures, sinon de les panser. En tout cas, la littérature ne doit pas se complaire dans le sarcasme et remuer le fer dans la plaie, comme les écrivains d'aujourd'hui s'y appliquent *ad nauseam.* La satire, l'ironie, la parodie, voire l'autodérision, nous envahissent, ce ne sont que calomnies et méchancetés. À son humble avis, il faut le leur faire remarquer et leur remontrer la gravité de leurs actes.

Rachel va prendre une douche tiède et enfile une autre chemise de nuit, également fermée jusqu'au menton à l'aide de deux boutons.

*Au pied de l'arbre tombe une pomme.*
*L'arbre est debout au chevet de la*
*pomme.*
*L'arbre jaunit. La pomme est meurtrie,*
*l'arbre s'est défeuillé.*
*La jonchée recouvre le fruit blet.*
*Et une bise aigre emporte le tout.*
*L'hiver est là, l'automne s'en est allé.*
*L'arbre est putréfié, le fruit décomposé.*
*C'est pour bientôt. La douleur sera brève.*

*

Minuit dix. L'homme de main, M. Léon, et son comparse, Shlomo, se trouvent dans le salon climatisé et rénové des Hougi, au troisième étage sur cour — un logement spacieux résultant de la réunion de deux petits appartements à Yad Eliyahou. Assis à une table recouverte d'une toile cirée fleurie, ils regardent un thriller à la télévision en grignotant force cacahuètes, noisettes, amandes salées et graines de tournesol (les femmes ont été reléguées à la cuisine ou dans une autre pièce, parce que ce film n'est pas pour les petites natures).

M. Léon, un homme massif et chauve au regard glauque et au nez ridiculement petit, on dirait un bouton de bottine égaré à la surface de la lune, s'en prend à son hôte pendant la publicité :

« *Dir balak*, crois-moi, Hougi, tu as intérêt à retirer ce que tu viens de dire, tiens, je pose cent shekels cash sur la table, on parie que c'est pas le Noir, sûr et certain, c'est le dentiste qui a buté les trois, l'un après l'autre, avec le truc qui sert à endormir avant d'arracher une dent, c'est avec ça qu'il les a tous liquidés ; tu t'es complètement planté, tu vas voir, avec ton Noir, tu te fourres le doigt dans l'œil, et dans les grandes largeurs, Hougi, et d'ici cinq minutes, ça va te coûter cent shekels H.T., encore heureux qu'on a dit cent. On aurait pu aller jusqu'à cinq cents.

— Écoute, je ne sais pas, louvoie Shlomo Hougi. C'est peut-être bien le dentiste qui les a tous zigouillés et pas le Noir, possible qu'il soit blanc comme neige, on ne va pas tarder à être fixés. C'était une simple hypothèse. Tu sais, reprend-il comme s'il se ravisait, chez nous, dans le judaïsme, c'est dans le *Traité sur le jeûne*, je crois, il est dit que : "Dieu a ses exécuteurs des basses œuvres." Selon Rav Janakh, cela signifie que, même si Dieu a agréé Abel et son offrande, il avait quand même un faible pour Caïn. La preuve, Abel est mort très jeune, sans avoir eu le temps de se marier, de sorte que, c'est un fait, nous tous, l'humanité tout entière, y compris le peuple juif soi-même, sommes issus de la descendance de Caïn et pas de celle d'Abel. Je ne vise personne en particulier. »

M. Léon réfléchit un moment, le temps d'enfourner trois ou quatre noix de cajou.

« Bon, et alors ? Tu veux dire quoi ?

— Qui ? Moi ? Est-ce que je sais ? rétorque tristement Shlomo Hougi. Il doit y avoir toute une littérature là-dessus dans le judaïsme, mais moi, personnellement, je ne suis qu'en bas de l'échelle, comme on dit. Je ne sais rien. Ou presque. Dommage qu'il ait choisi Caïn, tu ne crois pas ? Ç'aurait été mieux s'il avait préféré Abel. Mais il doit y avoir une bonne raison. Tout a un sens en ce monde. Absolument tout. Rien n'échappe à la règle. Même ce papillon de nuit. Ou un cheveu dans la soupe. Tout ce qui peuple l'Univers, sans exception, n'atteste pas de sa seule existence, mais de quelque chose d'autre. Quelque chose d'immense et de terrible. Dans le judaïsme, on appelle ça "les mystères". Seuls nos sages peuvent les percer, ceux qui sont au niveau des saints et des purs.

— T'es pas un peu fêlé, Hougi ? ricane M. Léon. Plus qu'un peu, même. Ils te bourrent le mou, ces missionnaires, on dirait. Que tu dégoises des âneries, c'est pas nouveau. Mais depuis que tu es tombé entre leurs mains, non seulement tu parles pour ne rien dire, mais en plus tu parles à tort et à travers. Tu peux m'expliquer le rapport entre un papillon de nuit, Caïn et Abel ? Ou entre des cheveux dans la soupe et nos saints rabbis ? Tu ferais mieux de la fermer, Hougi. Tais-toi et laisse-moi regarder. La pub est finie. »

Shlomo Hougi considère ces propos quelques instants.

« Tu veux que je te dises ? Moi-même, je comprends de moins en moins, finit-il par admettre, la queue entre les jambes. Je ferais mieux de me taire, tu as raison. »

*

Youval Dahan sort sur le balcon plongé dans l'obscurité et s'installe dans le hamac de sa mère. Sans prêter attention aux chauves-souris qui gîtent dans les ficus ni au susurrement des moustiques, il rédige dans sa tête une lettre adressée à l'auteur, suite à la soirée qui a eu lieu quelques heures plus tôt au centre communautaire

Shunia Schor et les sept victimes de la carrière. Il y exprime son dégoût pour l'érudition aride dont a fait étalage le spécialiste en littérature dans son exposé, tâchant de résumer en quelques phrases les émotions éprouvées en lisant l'auteur. Il explique pourquoi il a l'intuition que l'écrivain est le seul au monde capable de comprendre ses poèmes, dont il se permet de joindre quelques spécimens par la présente en espérant qu'il trouvera une demi-heure pour les parcourir et, peut-être, lui répondre par quelques lignes.

Youval se met à fantasmer : l'auteur ressent les mêmes souffrances que moi, sans doute pas aussi hideuses, mais certainement aussi douloureuses. C'est visible dans chacun de ses livres. Est-il sujet aux insomnies, comme moi ? Serait-il en train de courir les rues à cette heure-ci, incapable de trouver le sommeil, que d'ailleurs il refuse ? Il déambule sans but avec ce trou noir dans la poitrine en se demandant si tout cela a un sens, et sinon, à quoi bon ? Ses errances le mèneront par hasard ici, rue Reines, ou peut-être pas par hasard, car rien n'est fortuit en ce monde.

Au même moment, je sortirai poster cette lettre, je tomberai sur lui à l'angle de la rue Gordon et nous serons tous deux sidérés par cette rencontre inattendue au milieu de la nuit. L'auteur me proposera éventuellement de l'accompagner et nous bavarderons en marchant jusqu'à la mer, puis nous tournerons à gauche en direction de Jaffa, il ne sera pas pressé de me quitter et nous oublierons l'heure, parce que je lui rappellerai probablement lui-même quand il était jeune, alors nous flânerons dans la ville déserte jusqu'au quartier Florentin ou même la rue Bialik, et au petit matin, nous serons encore en train de discuter de ses livres, de mes poèmes aussi, de la vie, de la mort et d'autres secrets que je ne révélerai qu'à lui seul, ni à mes parents, ni à ma sœur, à personne d'autre, et je pourrai également lui confier mes tourments, parce qu'il me comprendra à demi-mot, j'en suis sûr, et avec un peu de chance, une relation privilégiée se nouera entre nous et, à partir de cette nuit-là, nous deviendrons amis ou, disons, maître et disciple, et qui sait, peut-être que ma vie sera changée grâce à cette rencontre qui m'attend par hasard devant la boîte aux lettres, là, au coin de la rue.

*

L'auteur répondra brièvement, deux ou trois semaines plus tard, au courrier de Youval Dahan-Dotan. « J'ai lu vos poèmes avec un grand intérêt et j'y ai découvert une gravité très originale et une langue d'une grande fraîcheur, mais avant tout, il faut que vous réfréniez votre sensibilité pléthorique et que vous appreniez à prendre du recul. Comme si le poète et le garçon torturé n'étaient pas la même personne, mais deux individus distincts, que l'écrivain considérait l'infortuné garçon d'un œil froid, détaché, voire amusé.

Imaginez, par exemple, qu'un siècle vous sépare tous les deux, en d'autres termes, celui qui inspire le poète et le poète lui-même, l'objet de sa souffrance et le temps de l'écriture.

« N.B. : Vous vous êtes montré un peu dur envers Bar-Ourion, notre conférencier. Même s'il n'est pas très sympathique — je suis désolé d'apprendre qu'il vous a envoyé sur les roses quand vous êtes venu le trouver, à la fin de la réunion, on ne peut pas dire "qu'il ne connaît rien de la vie". Voilà des années qu'il vit seul dans un rez-de-chaussée, rue Adam HaCohen, il est doublement veuf et il enseigne à l'école normale des kibboutz. Sachez aussi qu'Aya, sa fille unique, a coupé les ponts avec lui quand elle avait seize ans et demi à peine : sous le nom de Jocelyne, elle a séjourné environ deux ans à New York où elle posait nue pour des magazines, après quoi elle a retrouvé la foi et s'est mariée avec un colon d'Elon Moreh. Voilà deux ou trois semaines que M. Bar-Ourion se tâte pour savoir s'il va continuer à l'excommunier de sa vie ou transiger avec sa conscience et ses principes et accepter, uniquement pour cette fois, sans que cela crée un précédent, de franchir la ligne verte et d'aller rendre visite à sa fille dans les territoires occupés, afin de prendre dans ses bras son colon de petit-fils nouveau-né.

*

Prenez le cas d'Ovadia Hazam, par exemple, celui de chez Isratext. Il a gagné au loto, ensuite il a divorcé, il faisait la java, il prêtait de l'argent à tort et à travers, il s'exhibait en ville dans une Buick bleue, il a subventionné l'achat de nouveaux rouleaux de la Torah, financé une radio pirate de prosélytes, il dilapidait sa fortune entre les aumônes et les divorcées russes, il faisait des spéculations immobilières dans les territoires, et puis il s'est passionné pour la politique, il a déménagé six fois en deux ans, il a marié son fils aîné à Lucie, la dauphine de Miss Plage, Yitzhak Shamir et Shimon Peres ont même assisté au mariage en grand tralala où, sanglé dans un costume de soie bleue orné d'une pochette immaculée, il a étreint et embrassé des centaines d'invités, hommes, femmes, députés, promoteurs, artistes, journalistes localiers, pleurant d'émotion, plaisantant à perdre haleine, forçant tout le monde à goûter — juste goûter — de chaque plat et à boire un coup à la santé des mariés, et le voilà maintenant couché dans des draps mouillés de sueur et d'urine dans la pénombre moite du service de médecine interne B de l'hôpital Ichilov, entre deux autres moribonds, il a un peu de sang séché autour des narines et aux commissures des lèvres, sa respiration striduleuse s'élève à travers le masque à oxygène qui lui couvre la bouche et le nez, sa poitrine gonfle et dégonfle en cadence, et dans les brumes où le maintient la morphine, il se souvient confusément de caresses sur sa tête, ses épaules et sa poitrine, de pleurs de femme, ou de plusieurs ? Soudain, il revoit les sources du Jourdain : un paysage éclaboussé de soleil résonnant d'un concert d'oiseaux, entre deux cours d'eau et un bosquet d'eucalyptus ombreux. Des arbres gigantesques, plus proches du minéral que du végétal. L'endroit est isolé et paisible. Hormis le gazouillis des oiseaux et la frondaison frémissant au vent, le silence est total. Une abeille invisible bourdonne en pleine lumière. Deux oiseaux lui répondent. Il y a peu, une tempête accompagnée d'orage et d'averses torrentielles s'est abattue sur la Galilée. À présent, tout est calme. L'air brille, comme lavé par la pluie, et l'horizon est inondé de lumière jusqu'au pied des montagnes, au loin. La surface des ruisseaux se ride. De temps à autre, une volute écumeuse danse sur l'eau, ou un banc de poissons trouble l'onde, telle une caresse muette. Les feuilles tombent dans un lent bruissement continu sur le fond nébuleux, sous le masque à oxygène, et une sorte de grognement, un toussotement étouffé, pareil au crissement d'un pneu dérapant sur des gravillons perturbe le sommeil de Riki, la serveuse : entre deux sanglots, elle tente de repousser d'une main alanguie une ombre oppressante qui pèse sur le drap, dans le noir. Affable, indulgent, patelin, Katznelson savait faire le bien avec discrétion, même en usant de moyens détournés, le cas échéant : elle est tordue, grotesque et horrible, cette histoire.

*

L'air est étouffant dans la nuit noire. L'auteur allume une dernière cigarette avant d'aller se coucher. Divers bruits montent par la fenêtre, à 4 heures du matin : le gargouillis du tourniquet sur la pelouse, l'alarme intermittente d'un véhicule en stationnement, glacé de solitude, les sanglots assourdis d'un voisin, de l'autre côté du mur, le cri tout proche d'un oiseau nocturne, qui pressent probablement ce qui nous est toujours caché, à vous et à moi. Dites, avez-vous jamais entendu parler de Tsefania Beit-Ha'lachmi ? De *Vie et mort en quatre rimes* ? Non ? C'était un poète mineur, qui a composé des chansons très populaires à une époque, avant de tomber dans l'oubli. Il s'est trompé sur la question de l'époux et de la mariée.

L'oiseau s'est tu. Dans le journal posé sur ma table de chevet, j'apprends que le poète est mort d'une crise cardiaque dans son sommeil, à l'âge de quatre-vingt-dix-sept ans, à Ra'anana, la veille à l'aube. Il serait bon d'allumer la lumière de temps en temps pour voir ce qui se passe. Demain, il fera le même temps chaud et humide. Demain, autrement dit aujourd'hui.

## *Personnages principaux*

*L'auteur.*

*Riki* : serveuse. Ex-maîtresse de Charlie, le gardien de but remplaçant des Bnei Yehouda qui l'appelait Gogog dans ses moments de tendresse.

*Charlie* : gardien de but remplaçant des Bnei Yehouda. Il s'est bien amusé avec Riki et Lucie à Eilat. Aujourd'hui, il est propriétaire d'une fabrique de chauffe-eau solaires à Holon qui exporte même à Chypre.

*Lucie* : dauphine de Miss Plage. Elle a également accompagné Charlie à Eilat. Elle a fini par faire un riche mariage en épousant le fils d'Ovadia Hazam, de la société Isratext.

*M. Léon* : homme de main. Massif et impérieux.

*Shlomo Hougi* : second couteau. Il ne comprend rien à rien.

*Ovadia Hazam* : travaillait chez Isratext. Sillonnait la ville au volant d'une Buick bleue en compagnie d'immigrées russes, ses bonnes amies. Aujourd'hui, il souffre d'un cancer, et personne n'est venu remplacer son cathéter à Ichilov où il est hospitalisé.

*Le fils d'Ovadia Hazam* : a épousé Lucie, la dauphine de Miss Plage. Yitzhak Shamir et Shimon Peres ont assisté à la cérémonie.

*Shunia Schor et les sept victimes de la carrière* : Shunia Schor était mécanicien, idéologue et compositeur de chansons folkloriques. En l'an 5697 (1937), il fut massacré avec sept autres ouvriers de la carrière de Tel Hazon par de jeunes Arabes qui voulaient chasser les juifs du pays. L'ancienne maison de la culture, devenue centre communautaire, où s'est tenue la rencontre avec l'auteur, a pour nom : Shunia Schor et les sept victimes de la carrière.

*Yerouham Shdemati* : délégué à la culture. Directeur du centre communautaire Shunia Schor et les sept victimes de la carrière. Il a pour habitude de lécher le verso gommé des timbres-poste d'un grand coup de langue. N'est pas en très bonne santé.

*Rabbi Alter Druyanov* : auteur du *Livre des plaisanteries et des traits d'esprit.*

*Rochale Reznik* : lectrice et comédienne. Elle collectionne les pochettes d'allumettes des palaces internationaux.

*Yakir Bar-Ourion (Zhitomirsky)* : spécialiste de littérature. Veuf. Sa fille unique est mariée à un célèbre colon d'Elon Moreh.

*Tsefania Beit-Ha'lachmi* : poète, de son vrai nom, autant que je sache, Avraham (Bumek) Schuldenfrei. Auteur du recueil : *Vie et mort en quatre rimes.* S'est trompé sur un certain sujet.

*Berl Katznelson* : a l'air affable et patelin sur le portrait accroché au mur.

*Myriam Hora'it* : assoiffée de culture. Elle confectionne des compotes très épaisses. Les enfants du quartier la surnomment derrière son dos : Myriam l'Horrible.

*Yehiel Hora'i* : mari de Myriam Hora'it. Mort écrasé, il y a neuf ans, alors qu'il était en mission officielle à Montevideo.

*Youval Dahan-Dotan* : poète en herbe. Tourmenté.

*Docteur Pessach Yikhat* : enseignant ou inspecteur régional adjoint, vilipendeur de la littérature contemporaine.

*Joselito* : le chat de Rochale Reznik. Jaloux. Sait lire l'heure. A le chic pour culpabiliser sa maîtresse.

*L'oncle Ossia* : accordeur de pianos. Peintre en bâtiment. Un jour, il y a des années, il a oublié l'auteur (qui était alors petit garçon) à la pharmacie des frères Pogrobinsky. Le bruit court qu'il cachait la nièce de Trotski dans sa cave, rue Brenner.

*Le député Shmuel Mikunis (parti communiste israélien)* : à l'époque, l'oncle Ossia et lui en sont presque venus aux mains, mais, tous deux ayant contracté la même maladie, la même année, ils sont devenus les meilleurs amis du monde et se sont occupés l'un de l'autre.

*Mme Pogrobinskaya (la pharmacienne de l'officine des frères Pogrobinsky)* : a entraîné l'auteur, qui n'était alors qu'un petit garçon, dans un réduit obscur où elle lui a montré certaines potions dont elle lui a expliqué le mode d'emploi.

*Une femme portant lunettes et vêtue d'un ensemble pantalon à rayures vertes et blanches* : mère de Saguiv, qui n'a encore jamais vu de près un écrivain vivant, de sorte qu'il est essentiel que l'enfant approche l'auteur. A discuté un jour chez l'épicier avec Mme Léa Goldberg.

*Saguiv* : a bientôt neuf ans. Peu loquace. N'ayant pas la moindre envie de voir un écrivain, il essaie de s'échapper, mais sa mère le tient fermement par le bras, juste au-dessus du coude.

*Lisabetta Kunitzin* : une voisine. Opticienne. A été témoin d'une scène, un jour qu'elle regardait par la fenêtre.

*Lisabetta Schumminer* : mère de Yerouham Shdemati. Morte à Kharkov depuis soixante-six ans. Se voyait en diva. Son fils de soixante-douze ans rêve d'elle quelquefois.

*Aya (alias Jocelyne)* : fille de Yakir Bar-Ourion. Posait nue pour des magazines autrefois. Est mariée aujourd'hui à un colon, une personnalité d'Elon Moreh.

*Un nouveau-né* : fils du colon et d'Aya, petit-fils de Yakir Bar-Ourion.

*Arnold Bartok* : militant de base, binoclard et anguleux. S'est fait virer du secrétariat de la section, puis licencié du centre de tri des colis postaux d'une messagerie privée où il travaillait à mi-temps. Cogite sur la vie éternelle. N'a assisté à la soirée littéraire que pour railler l'auteur.

*Ophélia* : mère invalide d'Arnold Bartok. Quatre-vingt-six ans. Paraplégique. A besoin d'un pot de chambre. Elle partage le même lit que son fils de soixante ans qu'elle s'obstine à appeler Aralé, pour l'ennuyer, même s'il s'appelle Arnold et qu'il le lui a répété mille fois.

*Un veilleur de nuit nain* : pisse debout contre un mur.

*Un photographe de l'époque des photos sépia* : il installe tout le monde, annonce quand il faut rire et quand il ne faut plus bouger, s'il vous plaît.

*Le chat de Myriam Hora'it* : ayant désobéi au photographe et remué au moment où celui-ci appuyait sur le déclencheur, il s'est retrouvé affublé de trois ou quatre queues.

*Les deux fils mariés de Myriam Hora'it* : gynécologues à New York, l'un d'eux a épousé la fille de Lisabetta Kunitzin.

*La petite-nièce de Yerouham Shdemati* : âgée de quatorze ans et demi, on lui propose encore de jouer aux devinettes, comme un bébé.

*Le frère de Yerouham Shdemati* : médecin. Il a annoncé à Yerouham qu'il n'avait guère de chance de se remettre de la leucémie dont il souffre.

*Les épouses respectives de M. Léon et de Shlomo Hougi* : ont été reléguées à la cuisine parce que le thriller diffusé à la télévision n'était pas pour elles.

*Arad, 2006*

La traductrice exprime toute sa gratitude à l'auteur, Edna Degon, Marta Teitelbaum et Semyon Mirsky.

L'éditeur tient à remercier Semyon Mirsky.

*Composition : Numilog*
*Achevé d'imprimer*
*par CPI Firmin-Didot*
*à Mesnil-sur-l'Estrée, en mars 2019*
*Dépôt légal : mars 2019*
*Premier dépôt légal : décembre 2007*
*Numéro d'imprimeur : 152179*

ISBN : 978-2-07-078535-3/Imprimé en France

**354942**